Für Meine Töchter Jacqueline und Nicole

Carlo (amtlich Carl-Otto) Vernimb wurde am 3. April 1928 in Hamburg geboren, studierte Physik in Hamburg und Innsbruck, war nach der Promotion 4 Jahre lang angestellt bei der ESSO AG in Hamburg und danach 25 Jahre leitender Beamter der Kommission der Europäischen Union in Brüssel und Luxemburg. Nach der Pensionierung gründete und leitete er 10 Jahre lang eine Beratungsfirma. Im Lauf seines Berufslebens verfasste er 72 wissenschaftlich-technische Veröffentlichungen.
Carlo Vernimb war 59 Jahre lang verheiratet und hat zwei Töchter.

Carlo Vernimb

Das glaub ich einfach nicht

gottlos   frei   verantwortlich

Plädoyer für einen Allgemeinen Menschenkodex

TWENTYSIX – Der Self-Publishing-Verlag

Carlo Vernimb 2011

TWENTYSIX – Der Self-Publishing-Verlag
Eine Kooperation zwischen der Verlagsgruppe
Random House und Books on Demand
© 2019 VERNIMB, Carlo
Alle Rechte vorbehalten, insbesondere das der
Übersetzung und der Reproduktion, auch einzelner Teile
Umschlaggestaltung unter Verwendung von Gemälden
von Ingeborg Vernimb, der Ehefrau des Autors
Herstellung und Verlag: BoD – Books on Demand, Norderstedt
ISBN: 9783740727291

MIX
Papier aus verantwortungsvollen Quellen
Paper from responsible sources
FSC® C105338

Inhalt   Seite

Vorwort   7
Einleitung und Zusammenfassung   8
Gläubige Jugend   10
Erste Zweifel   33
Kirchenaustritt   47
Suche nach Gott   71
Lösung von Gott   105
Wie kam der Mensch auf Gott?   111
Moral   117
Die Schöpfung der Welt   128
Gottesbeweise   131
Klarheit   134
Agnostiker   136
Hybris   137
Klerikale Anmaßungen   140
Evolution   144
Naturwissenschaften   151
Ungelöste kosmologische Probleme   153
Von der Freiheit eines Atheisten-Menschen   155
Mein weiteres Leben   157
Wirkung von Religionen   162
Erbsünde   167
Vertuschungen   168
Missbrauch   170
Islam   175
Würde   178
Angst   177
„Einsprüche"   180

Mein Atheismus auf YouTube	210
Ich habe einen Traum	225
Beten	229
Herausforderungen	230
Fazite	238
Nachwort	241
Literatur-Nachweise	242

Vorwort

Es ist ein wunderbares Abenteuer, den Sinn seines Lebens zu suchen.

Umfragen [1] zufolge gab es in Deutschland im Jahr 2017 41% – 49% Atheisten, Agnostiker und Gottlose. Es gibt aber auch viele Menschen, die einen Halt in der Religion finden. Das respektiere ich. Ich erwarte allerdings, dass die Gläubigen meine Gottlosigkeit auch respektieren. Ich verurteile die Religionen nicht, sondern begreife sie als Stufen in der Entwicklung der Menschheit. Bevor der Homo Sapiens an einen Gott glaubte, glaubte er an viele Götter, davor an Geister, Dämonen, Kobolde und Feen. Was er davor glaubte, wissen wir nicht. Vielleicht hatte er nur Gefühle, z. B. Angst und Glück.

Ich akzeptiere, dass Gott in den Köpfen sehr vieler Menschen existiert, halte ihn aber für entbehrlich. Die 10 Gebote waren weit über zweitausend Jahre lang eine brauchbare Richtschnur. Heute reichen sie nicht mehr aus. Wir brauchen einen neuen Allgemeinen Menschenkodex.

Dieses Buch ist für Fanatiker des religiösen Glaubens nicht geeignet.

Einleitung und Zusammenfassung

Ich berichte von der Entwicklung meiner Denkweise und meines Charakters, die beide zum Austritt aus der evangelischen Kirche und danach zur Loslösung von Gott beigetragen haben. Diese spirituelle Befreiung erzeugte in mir ein Gefühl der Verantwortung. Ich beschreibe, wie die Menschen auf Gott kamen und wie sich im Lauf der Evolution ihre Moral entwickelt hat. Ich stelle eine globale Ethik vor, gehe auf den Urknall ein, auf sogenannte Gottesbeweise, auf ein ästhetisches Argument gegen Gott, auf Agnostiker, auf die Überheblichkeit der Menschen, auf die Evolution, auf bisher ungelöste kosmologische Probleme, auf mein weiteres Leben, auf die Wirkung von Religionen, auf die Erbsünde, auf klerikale Vertuschungen, auf den Islam, auf Ängste, auf das Beten und die Würde des Menschen. Ich berichte, wie ich meine Auffassungen in Leserbriefen an DIE ZEIT und in YouTube-Videos zum Thema *Gedanken eines Atheisten* öffentlich gemacht habe. Unter der Überschrift *Von der Freiheit eines Atheisten-Menschen* berichte ich, dass mir immer klarer wurde, dass zur *Freiheit von* immer auch eine *Freiheit für* gehört, und dass ich als Dank für das mir selbst gemachte Geschenk der Freiheit etwas zurückgeben wollte: Mitzuhelfen die Welt zu verbessern, Gutes zu tun und anderen das Geschenk der Freiheit zu empfehlen. Unter der Überschrift *Ich habe einen Traum* schlage ich, fußend auf meinen Anregungen zu einer globalen Ethik, einen Allgemeinen Menschenkodex, einen kategorischen

Imperativ, vor:

1. Mach etwas aus deinem Leben, gib ihm einen Sinn!
2. Achte alle Menschen und behandle sie so, wie du von ihnen behandelt werden möchtest, und respektiere die Würde des Menschen und die daraus resultierenden Allgemeinen Menschenrechte!
3. Bemühe dich, unseren Planeten zu erhalten!
4. Bemühe dich, am Frieden in der Welt mitzuarbeiten!

Schließlich schlage ich Verbesserungen der Welt vor.

Gläubige Jugend

Wer dieses Buch liest, wird wahrscheinlich wissen wollen, wie ich zu meinen gottlosen Ansichten gelangt bin. Ich werde deshalb ein wenig aus meinem Leben berichten und auch ein paar Ereignisse erwähnen, die nicht unmittelbar mit dem Glauben zu tun haben, aber mich und meine Denkweise und meinen Charakter geprägt und letztlich zu meinen Ansichten und Anregungen geführt haben.
Wen mein Werdegang nicht interessiert, sollte mit dem Kapitel „Wie kam der Mensch auf Gott?" (Seite 114) fortfahren.

Am 3. April 1928 wurde ich im Graumannsweg in Hamburg im Haus meiner Eltern geboren. Mein Vater war Konditormeister und Mitinhaber einer Konditorei mit Café in Hamburg. Als er die Nachricht von meiner Geburt erhielt, sprang er vor Freude über den Tresen, über den die Kellner Kuchen und Kaffee in Empfang nahmen. Am 18. November 1928 wurde ich in der St. Gertrudkirche evangelisch getauft.

Meine Eltern waren evangelisch, allerdings nicht strenggläubig. Mein Vater hielt es mit dem Alten Fritz: Jeder soll nach seiner eigenen Fasson selig werden. Meine Mutter lehrte mich immerhin das Beten. Jeden Abend vor dem Einschlafen betete ich „Lieber Gott, mach mich fromm, dass ich in den Himmel komm!

Amen." Und unser Vater sprach mittags ein Tischgebet: „Komm, Herr Jesus, sei unser Gast und segne, was Du uns bescheret hast!"
In meiner Jugend kam es mehrere Male vor, dass ich vor Lachen fast platzen musste, weil mir schien, dass irgendeine Respektsperson, ein Lehrer, ein Onkel, etwas furchtbar Dummes gesagt hatte. Ich wusste, dass man nicht respektlos lachen durfte. Ich sagte mir dann blitzschnell im Kopf mein Gebet auf: „Lieber Gott, mach mich fromm, dass ich in den Himmel komm! Amen." Wenn das nicht sofort wirkte, schickte ich das gleiche Gebet hinterher. Es half immer; so tief war die Ernsthaftigkeit des Gebets in meinem Kopf verwurzelt.

Als ich vier oder fünf Jahre alt und allein im Haus war, bekam ich einmal einen Heißhunger auf Zucker. Ich wusste genau, dass man nicht stehlen darf, aber ich wusste auch, wo der Zucker war. So nahm ich einen Stuhl, schob ihn vor den Küchenschrank, kletterte hinauf, öffnete den Schrank, nahm mir ein Stück Würfelzucker aus der Zuckerdose und ließ es auf der Zunge zergehen. Danach bekam ich ein furchtbar schlechtes Gewissen. Als meine Mutter abends nach Hause kam, gestand ich ihr unter Tränen meine Missetat. Sie nahm mich in den Arm und tröstete mich. Zwei Dinge habe ich daraus gelernt: Das schlechte Gewissen war so entsetzlich, dass ich nie wieder dieses Gefühl haben wollte. Und zweitens: Alles wird wieder gut. Dieses „Alles wird gut" hat sich mir tief eingegraben und wirkt noch heute, dank der Liebe meiner Mutter.

Als ich im Alter von sechs Jahren in die Grundschule kam, waren dort Jungs und Mädchen. Meine Schreibschrift geriet mir nicht besonders gut, aber sonst war ich kein schlechter Schüler.

Wenn das Wetter es zuließ, spielten meine ältere Schwester Eva, mein jüngerer Bruder Kurt und ich in unserem Garten. Im Nachbarhaus wohnte eine Arztfamilie. Irgendwann waren wir wohl mal sehr laut im Garten. Unsere Mutter rief mich zu sich und sagte, der Nachbar hätte angerufen und gebeten, ihr möchtet bitte nicht so laut sein. Dass wir ein Telefon hatten, war mir bis dahin nicht aufgefallen. Ich wunderte mich, warum der Nachbar nicht einfach über den Zaun gerufen hatte. Telefonieren kostet doch bestimmt etwas. Und gibt es da einen Draht zwischen den Telefonapparaten in beiden Häusern? Nein, lernte ich, beide Apparate sind mit Kabeln mit einer Zentrale irgendwo in Hamburg verbunden, und über diese Zentrale läuft das Gespräch. Darüber habe ich lange nachgedacht.

Wenn wir nicht in den Garten konnten, spielten wir oft Höhle. Dazu zogen wir den Tisch in unserem Schlafzimmer aus und deckten die Seiten mit Wolldecken ab, die wir auf dem Tisch mit Büchern beschwerten, so dass sie nicht runterrutschten. Auch Eva war gern in der Höhle. Es war einfach ein gutes Gefühl, da so im Dunkeln und geschützt zu sein. Heute vermute ich, dass dieses Gefühl etwas mit unseren Höhlen bewohnenden Vorfahren zu tun hat.

Oft spielten wir auch mit dem „Stabilbaukasten". Der enthielt lange, flache schwarze Stangen mit vielen Löchern; auch abgewinkelte, auch kürzere Stangen und Winkel und viele kurze Schrauben, die durch die Löcher passten, und zu den Schrauben passende Muttern, sowie Räder. Daraus konnte man alle möglichen Sachen bauen, z.B. einen Kran, der sich auf einer Plattform drehen ließ. Mit einem Bindfaden, der oben über eine Rolle lief, und unten mit einer Kurbel aufgewickelt wurde, konnte man Lasten hochziehen. Das war die Zeit, als ich Ingenieur werden wollte.

Aber ich habe auch viel gelesen. Karl May hat mich begeistert und die Zukunftsromane von Hans Dominik.

Einmal tobten wir abends in den Betten. Eva kam aus ihrem Zimmer dazu und machte mit. Unsere Mutter sagte: „Wollt ihr wohl Ruhe geben und endlich schlafen!" Und als das nichts nützte, rief sie unseren Vater: „Carl, bring die Kinder mal zur Räson!" Nach kurzer Zeit kam mein Vater aus dem Elternschlafzimmer mit grimmigem Gesicht und der Doppelflinte in der Hand, die er aus dem Gewehrschrank genommen hatte. Ich weiß nicht, wer von uns zuerst gelacht hat; wir konnten uns gar nicht mehr halten. Unsere Mutter was not amused: „Aber Carl, doch nicht so!" Immerhin waren wir vom Toben und Lachen so erschöpft, dass wir bald einschliefen. Mein Vater war Jäger und hatte mehrere Jagdgewehre: Die Doppelflinte für Schrot, einen Drillich (zwei Läufe für Schrot und ein Lauf für Gewehrpatronen) und ein Kleinkalibergewehr; außerdem eine Pistole; alles eingeschlossen in einem Gewehrschrank neben seinem Bett. Aber er ging in meiner Erinnerung nur sehr selten zur Jagd, und wenn, dann mit Freunden, die eine Jagd hatten, also ein Gebiet, für das sie eine Genehmigung zum Jagen hatten. Immerhin hingen im Treppenhaus zwei ausgestopfte Raubvögel an der Wand, ein Bussard, geschossen von meinem Vater, und ein Sperber, geschossen von meiner Mutter.

An Sonn- und Feiertagen kochte meine Mutter. Die Vorbereitung des immer guten Essens zog sich manchmal etwas hin, und wir saßen schon am Tisch und redeten, meist Eva mit Vati, und oft auch ziemlich streitlustig; wir hatten ja alle einen leeren Magen. Einmal, an einem Karfreitag, hatte meine Mutter die Suppe schon aufgefüllt, und die beiden stritten immer noch. Um dem ein Ende zu setzen, sagte sie statt „Guten Appetit!" „Fröhlichen Karfreitag!" Alle stockten einen Moment und brachen dann in schallendes Gelächter aus. Am ernstesten Tag der Christenheit sollten wir fröhlich sein. Das hatte keiner erwartet. Das wurde zum geflügelten Wort der Familie. Wenn wir später karfreitags noch so weit voneinander entfernt waren, wünschten wir uns gegenseitig telefonisch einen „Fröhlichen Karfreitag!"

Mein Vater brachte mir das Schachspielen bei, spielte auch mit mir und schlug mich natürlich. Aber ich wurde besser dabei und bald gewann nur noch ich. Da suchte mein Vater nach anderen Kontrahenten und fand Onkel Oschi, den Bruder meiner Mutter. Wir spielten nur einmal. Als ich deutlich im Vorteil war, sagte er: „Das ist Remis." Ich sagte: „Das ist kein Remis; Du bist gleich matt." „Nein, das ist Remis", sagte er und ging aus dem Zimmer. Mein Vater, der im Hintergrund in einer Zeitung las, sagte nichts. Da habe ich gelernt, wie schwer es manchen Menschen fällt zu verlieren.

Eines Tages klingelte ein Jungzugführer. Der wollte mich als Pimpf werben. Ich wollte das erst mit meinen Eltern besprechen. Wir hatten bis dahin mit Nazis nichts zu tun. Allerdings, einmal kam einer, der sagte wir sollten in der nächsten Woche an einem bestimmten Tag eine Hakenkreuzfahne vom Balkon herunterhängen lassen; der Führer käme nach Hamburg (das muss 1934 gewesen sein) und würde zufällig auch durch den Graumannsweg fahren. Na, wir taten das, hörten an dem Tag Polizeisirenen, stürzten auf den Balkon und sahen Motorräder mit Blaulicht und einen schwarzen Mercedes vorbeiflitzen. Das war schon alles. Erkennen konnten wir sonst nichts. Meine Eltern sagten, ich könne vielleicht bei den Pimpfen etwas lernen. Ich lernte

Geländekarten zu lesen und nach dem Kompass auszurichten, die Himmelsrichtungen nach dem Stand der Sonne zu bestimmen, dass in unseren Breiten die Bäume auf der Westseite bemoost sind, dass man Meldungen mit Bleistift auf Papier schreibt, weil Tinte oder Tintenstift im Regen auslaufen könnte usw. Wir machten auch Übungen im Gelände. Beim Marschieren mussten wir singen: „drei, vier, schwarzbraun ist die Haselnuss". Irgendwann wurde ich Jungschafts-Führer. Da trug man eine rotweiße Kordel von der Braunhemdtasche bis zur Knopfleiste. Da musste ich 12 oder 15 Jungen antreten und abzählen lassen und schimpfen, wenn nicht alle gekommen waren. Aber die, die da waren, waren ja da. Und die, die nicht da waren, hörten das Schimpfen nicht. Und nun musste ich die Neuen in Kartenkunde usw. unterrichten.

Mit meinem Zugführer Hans unterhielt ich mich einmal über Musik. Er meinte, die 5. und 6. Sinfonie von Tschaikowsky würden mich sicher sehr beeindrucken. Er hatte Recht. Ich mochte Wagner. Aber es zog mich noch mehr zu Beethoven und Tschaikowsky. In der Musikhalle am Karl-Muckplatz, heute Ernst Laeiszhalle am Johannes Brahmsplatz, gab es sonntags um 15:00 Uhr ein Vorkonzert mit dem Sinfonieorchester des Norddeutschen Rundfunks unter der Leitung von Hans Schmitt-Isserstedt. Diese Konzerte wurden auf Magnetband aufgenommen und am Montag um 20:15 vom NDR im

Radio ausgestrahlt. Fernsehen gab es noch nicht. Einmal, die ersten Takte waren gerade gespielt, fiel eine Garderobenmarke vom 2. Rang, klack, klack, klack bis ins Parkett. Schmitt-Isserstedt klopfte mit seinem Stab auf das Pult, die Musiker setzten ihre Instrumente wieder ab, er drehte sich ganz langsam um, schickte einen strafenden Blick nach oben, drehte sich wieder um und begann von neuem. Ich habe dort über Jahre die Sinfonien und Konzerte von Beethoven, Brahms, Bruch, Mozart, Haydn und Tschaikowsky gehört. Am liebsten denke ich an die 5. Sinfonie von Tschaikowsky. Im 4. Satz gibt es eine Pause zwischen dem Allegro vivace und dem Andante maestoso. Schmidt-Isserstedt macht die Pause etwas länger als andere Dirigenten, die anscheinend (und manchmal tatsächlich zu recht) befürchteten, dass das Publikum zu klatschen anfängt, wodurch die Stimmung futsch wäre. Für mich ist es die schönste Pause der Welt. Nach den furiosen Schlussakkorden des Allegro vivace denkt man, es könne keine Steigerung mehr geben. Und dann – setzt das Andante maestoso mit wuchtigen, überwältigenden Schlägen ein.

Mit elf oder zwölf Jahren bekam ich einen Chemie-Baukasten geschenkt. Das war der Beginn einer leidenschaftlichen Beschäftigung mit der (anorganischen) Chemie. Ich führte nicht nur alle im Begleitbuch angegebenen Experimente aus, meist zusammen mit meinem Bruder und meinem Schulfreund

Dieter, sondern durfte mir in unserer Waschküche auch ein eigenes Labor einrichten. Wir stellten dort Sauerstoff, Wasserstoff und viele weitere Chemikalien her, wobei wir für das Mischungsverhältnis der Ausgangssubstanzen die im Periodischen System der Elemente angegebenen Massezahlen berücksichtigten. Ganz nebenbei lernten wir den Umgang mit chemischen Formeln und Reaktionsgleichungen. Schließlich hatten wir weit über 100 Präparate, und ich machte es mir zur Aufgabe, daraus jede mir gereichte Probe zu bestimmen, angefangen mit flüssig oder fest, Farbe, bei festen Substanzen kristallin oder amorph, löslich in Wasser oder nicht usw. bis hin zu chemischen Reaktionen. Das war die Zeit, als ich Chemiker werden wollte.

Einmal fuhren wir zum Vetter meines Vaters, Onkel Max, ein Maschinenbau-Diplom-Ingenieur, der in Kiel-Hassee eine Fabrik für Autoersatzteile hatte. Er war älter als unser Vater und kehrte gern einmal den „Großen Max" heraus, vielleicht auch, weil unser Vater nur die Volksschule besucht hatte. Immerhin war Onkel Max der bisher einzige Akademiker unter den Vernimbs, die ich später in Deutschland aufspüren konnte.

Zu der Zeit bauten wir uns auch ein Radio. Dazu brauchten wir eine Batterie, einen Kopfhörer, einen Kupferdraht als Antenne, eine aus Draht gewickelte Spule, einen Drehkondensator und einen „Fritter". Der

Fritter bestand aus einem Glasrohr, das mit Metallspänen gefüllt war. An beiden Enden führten Drahtspitzen ins Rohr. Die Teile wurden anhand eines Schaltplans mit Kabeln verbunden. Es hat, nach einigem Probieren, tatsächlich funktioniert! Später haben wir noch manch andere Geräte zusammengelötet.

Ich war häufiger mal in der Konditorei und konnte auch die Backstube besichtigen und mir von den Konditoren erklären lassen, was sie gerade machten. Darunter gab es Spezialisten und richtige Künstler, z.B. einen Zuckerbläser, der aus verschieden gefärbtem Zucker Figuren schuf, die dann Torten zierten, die zu Geschäftsjubiläen oder anderen Anlässen bestellt worden waren. Mein Vater konnte besonders gut Baumkuchen backen. Das ist hohe Kunst. Eine Walze, die mit Pergamentpapier bedeckt war, wurde gedreht. Hinter der Walze befanden sich sehr viele kleine Gasflammen. Der Kuchenteich wurde mit einer Kelle auf die Walze getröpfelt bis gegossen, und durch die Hitze wurden Schichten auf der Walze gebacken. Es kam sehr auf die Abstimmung der Drehgeschwindigkeit mit der Zufuhr von Teig und der Stärke der Gasflammen an. Der erkaltete Baumkuchen wurde dann noch mit Zuckerguss oder flüssiger Schokolade bedeckt. Wenn man ihn in Scheiben schnitt, sah man die Ringe wie bei einem Baum. Einmal roch ich an dem Baumkuchen, bevor er mit Zuckerguss oder Schokolade bedeckt war, und sagte, das riecht ja nach Schwefel. Die Konditoren, die hinzugezogen wurden, sagten alle: nein, das riecht nicht nach Schwefel. Ich sagte: doch, es riecht nach Schwefelwasserstoff, allerdings nur sehr schwach. Ich weiß nicht, ob mein Vater der Sache nachgegangen ist. Ich meine zu erinnern, dass er viel später sagte: Du hattest Recht, im Stadtgas, das damals für die Gasflammen verwendet wurde, ist Schwefel enthalten. Übrigens wurde später irgendwann auf das energiereichere Erdgas umgestellt. Aus dem hatte man dann den Schwefel besser herausgeholt. Als ich viel später bei der ESSO gearbeitet habe, habe ich auch die Raffinerie besichtigt, in der Erdöl verarbeitet wurde. Da gab es riesige gelbe Berge von Schwefel, den man aus dem Erdöl herausgeholt hatte.

Der Krieg machte sich inzwischen bemerkbar. Häufig gab es Luftangriffe. Dann heulten die Sirenen und wir mussten in den Luftschutzkeller.

Von der Schule gab es nicht viel zu berichten. Einmal hielt unser Biologielehrer eine Pflanze hoch und fragte einen aus der Klasse, zu welcher Familie die Pflanze gehöre. Ich wusste die Antwort: Hahnenfußgewächse. Ich saß in der ersten Reihe und machte mit meiner rechten Hand die Fußbewegung eines schreitenden Hahns. Dabei liegt die Hand zunächst gespreizt auf dem Tisch; beim Hochheben werden dann Finger und Daumen eng zusammengelegt und beim Hinunterlassen wieder gespreizt usw. Noch bevor der befragte Mitschüler antworten konnte, sagte Trumpf: „Was soll das denn, Vernimb; das kommt wohl von der Schlagsahne!" Wie er in diesem Zusammenhang auf den Beruf meines Vaters kommen konnte, ist mir bis heute ein Rätsel.

Einmal nahm er zwei mit Blumenerde gefüllte Töpfe und drückte in jeden einen Pflanzensamen. Einen Topf stellte er auf die Fensterbank, den anderen in einen lichtundurchlässigen Schrank. Nach zwei Wochen stellte er beide nebeneinander auf einen Tisch. Die Pflanze vom Fenster hatte grüne Blätter, die andere weiß-gelbliche Stängel. „Welche Pflanze ist größer?", fragte Trumpf. Die Stängel schienen die grünen Blätter ein wenig zu überragen. Aber das konnte eigentlich doch gar nicht sein. „Die mit den grünen Blättern", sagte einer etwas zögerlich. Trumpf fragte weiter. „Grün", sagten alle, wenn auch ohne große Überzeugung. Ohne ein weiteres Wort stellte Trumpf die Töpfe an ihre ursprünglichen Plätze zurück und holte sie nach einer Woche wieder hervor. Nun war unverkennbar, dass das gelbliche Gestrüpp die grünen Blätter überragte. „Die Pflanze im Dunkeln will ans Licht und verwendet dafür all ihre Kraft", war seine Erklärung. Aber was wir wirklich lernten, war, genau zu beobachten, uns nicht von Vorurteilen leiten zu lassen und nicht einfach etwas nachzuplappern. Meine Neigung galt eigentlich der Physik und Mathematik; aber in Biologie hatte ich immer die bessere Note.

Ein anderer Lehrer, dem es an natürlicher Autorität mangelte, sagte: „Ich bin mit den Hereros fertig geworden; ich werde auch mit Euch fertig werden." Heute wissen wir, dass die blutige Niederschlagung des Herero-Aufstandes in Deutsch-Südwest-Afrika zu den schändlichsten Kapiteln der deutschen Kolonialgeschichte gehört.

In Sport war ich gut. Ich lief kurze Strecken schnell, sprang hoch und weit und war vor allem im Turnen einer der Besten. Langlauf und Werfen lagen mir nicht so. Einmal machte ich am Barren eine Übung, die geht so: Man geht mit den Händen an beiden Holmen in den Stütz, senkt sich dann ab, führt den einen Arm nach hinten und unten und führt ihn dann von unten nach vorn, wo man so weit wie möglich nach vorn den Holm wieder umklammert. Dabei hängt das ganze Gewicht am anderen Arm, der dabei auf dem Holm aufliegt. Dann stützt man sich wieder hoch. Danach kommt der andere Arm dran und so weiter bis man am anderen Ende des Barrens angekommen ist. Einer der Mitschüler sagte: „Der ist ja schneller wie die anderen". „Als die anderen", keuchte ich, „nach dem Komparativ steht als, nicht wie!" „Jetzt gibt er auch noch Deutschunterricht", sagte der Turnlehrer. Ich nahm das als Lob.

Es gab eine Liste mit Punkten, die man für bestimmte Turnübungen bekommen konnte. Zu den Übungen am

Reck stand da auch ‚Flanke aus dem Stütz', ‚Hocke aus dem Stütz' und ‚Grätsche aus dem Stütz'. Für die Hocke gab es mehr Punkte als für die Flanke, aber die Grätsche brachte die meisten Punkte. Ich fragte den Turnlehrer, ob wir das auch machen würden. Er sagte, das käme erst später dran. In unserem Garten hatten wir ein Reck, und ich wollte mir zunächst die Flanke selber beibringen. Ich konnte Klimmzug, Aufschwung, Schwungstemme, Fallkippe und halber Riese. Und ich wusste, dass man vor allem den richtigen Schwung brauchte. Als ich so im Stütz an der Stange war und überlegte, wie ich Schwung nehmen sollte, um meine gestreckten Beine seitlich über die Reckstange zu bringen, wurde mir mulmig. Wenn ich mit den Füßen an der Reckstange hängen bliebe, würde ich furchtbar auf die Nase fallen. Aber es musste ja möglich sein; sonst würde es ja nicht im Lehrplan stehen. Ich nahm also meinen Mut zusammen, und es gelang. Ich kam zwar nicht sauber in den Stand. Aber ich übte bis ich es konnte. Dann kam die Hocke dran und dann die Grätsche. In der Schule hatte ich keine Gelegenheit, damit zu glänzen. Aber viel später hat es mir sehr geholfen.

Zweimal wurden wir zum Ernteeinsatz verpflichtet. Einmal zur Kartoffelernte und das zweite Mal zur Kirschernte im Alten Land. Meine Aufgabe war es, die „Sprehen" in einem Obstgarten zu „hüten", der noch nicht abgepflückt war. Sprehe ist das plattdeutsche Wort

für Star. Und hüten bedeutete, die Stare vom Fressen der Kirschen abzuhalten. Dazu bekam ich eine Ratsche, ein Gerät, mit dem man ein lautes, knatterndes Geräusch erzeugen kann, das die Stare vertreiben soll. Das war mühsam; denn, wenn ich sie an einem Ende des großen Obstgartens vertrieben hatte, flogen sie zum anderen Ende und fraßen einfach weiter. Ich musste also von einem Ende zum anderen eilen und wieder zurück und dabei kräftig ratschen. Das war nicht nur mühsam, sondern auch langweilig. Ich sang alle Lieder, die ich kannte, so laut wie möglich in der Hoffnung, auch damit die Stare zu verschrecken. Dann brüllte ich ihnen alle Gedichte entgegen, die ich auswendig konnte. „Die Glocke" von Schiller hatten wir vom Deutschlehrer zum Auswendiglernen aufbekommen. Als ich sie zu zwei Dritteln gelernt hatte, bekamen wir einen anderen Deutschlehrer. Mich störte es, mit zwei Dritteln einer Glocke im Kopf herumzulaufen. Den Anfang vergessen wollte und konnte ich nicht. Deshalb habe ich den Rest der Glocke freiwillig dazu gelernt. Die Stare konnte ich damit allerdings nicht sehr beeindrucken. Immerhin bekam ich Routine im Auswendiglernen, und Schillers Gedichte gefielen mir so gut, dass ich auch noch „Die Bürgschaft", „Der Taucher" und „Der Handschuh" auswendig lernte.
Vom Frühjahr bis zum Spätherbst 1942 waren wir in der Kinderlandverschickung in Seiffen im Erzgebirge, um den ständigen Luftangriffen auf Hamburg zu entgehen.

Danach gingen wir wieder in Hamburg zur Schule. Nöllemann, so nenne ich ihn hier, war ein guter Mathe-Lehrer. Mein Freund Dieter und ich waren von Mathe so begeistert, dass wir uns nach der Schule und den Hausaufgaben weiter mit Mathe beschäftigten. Einmal zeichneten wir verschiedene geometrische Figuren: Dreiecke, Quadrate, Rechtecke, Parallelogramme, Trapeze usw. mit den zugehörigen Diagonalen. Das Trapez ist ein Viereck, bei dem zwei Seiten zueinander parallel sind, wobei die parallelen Seiten ungleich lang sind; sonst wäre es ein Parallelogramm. Wenn man die Diagonalen im Trapez zieht, entstehen 4 Dreiecke. Die beiden Dreiecke, die je eine der Parallelen als Seite haben, sind einander ähnlich, weil sie gleiche Winkel haben (Scheitelwinkel und Wechselwinkel an Parallelen). Das ist bekannt, das steht so in den Lehrbüchern, die uns zur Verfügung standen. Aber was ist mit den beiden anderen Dreiecken? Wir zeichneten mehrere Trapeze, mal symmetrisch, mal mehr oder weniger „windschief". Dabei fiel uns auf, dass diese beiden Dreiecke immer den etwa gleichen Flächeninhalt besaßen. Um das zu prüfen, zeichneten wir verschiedene Trapeze und ihre Diagonalen auf Millimeterpapier und zählten dann mühsam die Anzahl der Quadratmillimeter der beiden Dreiecke. Und siehe da, die Anzahlen stimmten ziemlich genau überein. Aber das war natürlich noch kein mathematischer Beweis. Wir grübelten lange und besannen uns schließlich auf einen mathematischen

Lehrsatz, nach dem Dreiecke mit gleicher Grundlinie und gleicher „Höhe" flächengleich sind. Zwei solche Dreiecke gab es tatsächlich im Trapez: Beide Dreiecke, die die gleiche Parallele als Grundlinie hatten und deren dritter Eckpunkt auf der anderen Parallele lag, hatten die gleiche Höhe, weil ja die Parallelen gleichen Abstand voneinander haben. Man brauchte nur noch das in beiden Dreiecken enthaltene gemeinsame Dreieck abzuziehen. Wir waren sehr aufgeregt und durchsuchten nochmals die Lehrbücher. Aber dieser Satz, geschweige denn der Beweis, war nirgends zu finden.

Am nächsten Tag meldeten wir uns in der Mathe-Stunde und sagten, wir hätten einen neuen Lehrsatz der Geometrie aufgestellt. „Und der lautet?", fragte Nöllemann belustigt. Ich sagte: „Ein Trapez wird von seinen Diagonalen in zwei ähnliche und zwei inhaltsgleiche Dreiecke zerlegt". Nöllemann sagte sofort: „Das gibt es nicht; das würde ich wissen".

Ich zeichnete ein Trapez an die Wandtafel mit den Eckpunkten A, B, C und D, der Höhe h, den Diagonalen e und f und deren Schnittpunkt M und sagte:

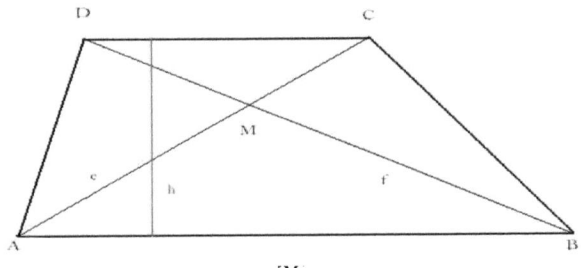

„Wie wir gelernt haben, ist das Dreieck mit den Eckpunkten ABM dem Dreieck CDM ähnlich, weil sie gleiche Winkel haben (Scheitelwinkel und Wechselwinkel bei Parallelen). Und nun kommt Dieter."
Dieter sagte: „Die Dreiecke ADM und BCM sind flächengleich, weil die Dreiecke ABD und ABC flächengleich sind (beide haben gleiche Grundlinie und gleiche Höhe). Von beiden Dreiecken braucht nur noch das gemeinsame Dreieck ABM abgezogen zu werden."
Nöllemann sagte: „Man lernt doch immer wieder etwas Neues" und trug Dieter und mir eine Eins in sein Notizbuch ein.
Diesen mathematischen Lehrsatz aufzustellen und zu beweisen, hat ein unglaublich intensives Glücksgefühl in uns erzeugt und uns inspiriert, uns nachhaltig mit Mathematik und den damit verbundenen Naturwissenschaften zu befassen.
Das war die Zeit, als ich Mathematiker werden wollte. Übrigens: Mehr als 60 Jahre später (inzwischen gab es Internet und Wikipedia) war unser Lehrsatz immer noch nicht in den Lehrbüchern zu finden. Ich lud ihn deshalb, mit Dieters Einverständnis, auf Wikipedia hoch. Und da steht er immer noch, wörtlich! Ich hatte in Klammern hinzugefügt: (Carl O. Vernimb und Karl D. Möller, 1942). Das stand auch so einige Jahre lang in Wikipedia. Die Frau meines Enkels erinnert sich noch daran. Dann wurde die Klammer entfernt, wohl auf Grund der Wikipedia-Gepflogenheit, nicht überprüfte Urheber-

Angaben zu löschen. Die Administratoren von Wikipedia haben diesen Vorgang natürlich archiviert.

Ich interessierte mich auch sehr für Astronomie. Ich hatte ein dickes Buch: Diesterwegs populäre Himmelskunde. Mein Vater hatte einen sehr großen Atlas, Stielers Handatlas, mit Karten des nördlichen und des südlichen Sternhimmels. Mit diesem schweren Atlas, einer Taschenlampe und einer Wolldecke bewaffnet stieg ich nach Dunkelwerden vom Dachgeschoss die Leiter zum Dach hinauf. Dazu musste ich eine schwere Dachluke öffnen. Oben angelangt prägte ich mir ein Sternbild ein, kroch dann unter die Wolldecke, machte die Taschenlampe an und suchte nach dem Sternbild im Atlas. Die Wolldecke war nötig, weil Verdunkelung angesagt war, um feindlichen Flugzeugen keine Anhaltspunkte zu geben. In vielen, oft auch sehr kalten, Nächten prägte ich mir ein Sternbild nach dem anderen ein. Damit habe ich später so manchem Mädchen zu imponieren versucht. Aber ich glaube, die meisten fanden das nur langweilig.

Interessanter waren die Planeten. Die waren natürlich nicht in Stielers Handatlas zu finden. Die standen im Kosmos-Kalender, der jeden Monat erschien. Im Frühjahr 1943 gab es über mehrere Monate eine beeindruckende Konjunktion von Jupiter und Saturn, also beide Planeten standen eng zusammen. Natürlich wollte ich gern die 4 großen Monde des Jupiters und den

Ring des Saturn sehen. Dazu brauchte man aber ein Fernrohr. Der Kosmos-Verlag bot für drei Mark und fünfzig Pfennige einen Satz von 3 Linsen an, mit denen man ein Fernrohr bauen konnte, eine große konvexe Linse von etwa 8 cm Durchmesser und einer Brennweite von 1 Meter und zwei kleinere Linsen, eine konkav und eine konvex. Ich füllte die Bestellkarte aus dem Kosmos-Kalender aus und brachte sie zur Post. Auf dem Weg zur Post in der Ifflandstraße, die leicht anstieg, traf ich einige Kinder, die auf dem Bürgersteig und der Straße spielten. Ich ging deshalb auf der Straße weiter. Damals kam nur selten ein Auto. Als ich auf der Höhe der Post war, sah ich einen Lieferwagen, der am Straßenrand hielt, sich langsam rückwärts bewegen. Das wunderte mich. Ich sah zum Fahrer; aber da war keiner. Der Wagen rollte schon etwas schneller. Und unten spielten die Kinder. Ich riss die Fahrertür auf, landete bäuchlings auf dem Fahrersitz und zog die Handbremse. Der Wagen stand, und ich rappelte mich wieder raus. Mann o Mann, dachte ich und ging in die Post. Ein Mann in der Schlange am Schalter nickte mir freundlich zu. Er hatte wohl meine Handlung durch das Fenster beobachtet. Nach einigen Tagen wurden die Linsen per Nachnahme ins Haus geliefert, und ich bezahlte die 3 Mark 50 von meinem Taschengeld. Nun brauchte ich aber noch ein Rohr von 1 m Länge und 8 cm Durchmesser. Ich ging in die Ackermannstraße zu einem Klempner. Der wollte mir ein solches Rohr aus verzinktem Eisenblech herstellen.

Aber er hatte das Material nicht vorrätig. Er sagte: „Ich habe mein Kontinent noch nicht erhalten." Sie meinen, Sie hätten Ihr Kontingent noch nicht erhalten, war meine Antwort. „Sag ich doch, mein Kontinent." Ich musste also auf das Kontinent warten. Als ich das Rohr hatte, klebte ich die große Linse auf der einen Seite ins Rohr. Die andere Seite bekam eine Lochscheibe, durch die ein dünneres Rohr passte, das an einem Ende die kleine konkave und am anderen Ende die kleine konvexe Linse enthielt. Die Schärfe konnte man einstellen, indem man das kleine Rohr vor- oder zurückschob. Mit dieser Anordnung erzielt man eine Vergrößerung um den Faktor 40. Dazu braucht man unbedingt ein Stativ; sonst zittert das betrachtete Objekt. Ich baute also aus Holzlatten ein Stativ und sorgte auch dafür, dass man das Fernrohr nach rechts und nach links und von oben nach unten verstellen konnte. Alles funktionierte. Ich stellte das Fernrohr auf den Jupiter ein. Und da waren sie! Alle vier Jupitermonde in einer Reihe: zwei rechts oberhalb und zwei links unterhalb des Jupiters. Ein unbeschreibliches Glücksgefühl. Ich machte Freudensprünge. Als ich wieder durchs Fernrohr sah, war das Bild weg. So schnell sind der Jupiter und seine Monde infolge der Erddrehung aus dem Blickfeld geraten. Ich musste also nachjustieren. Und dann die Ringe des Saturn. Wunder-wunder-wunderschön! Die Mühe mit dem Fernrohr und dem Stativ hatte sich tausendmal gelohnt. Im Astronomie-Buch hatte ich gelesen, dass 1676 ein Astronom namens Römer aus den Verfinsterungen der Jupitermonde den Schluss gezogen hatte, dass sich das Licht nicht mit unendlicher Geschwindigkeit ausdehnt, was damals noch die meisten Wissenschaftler vermuteten. Das hat mich sehr beeindruckt.

Im Kosmos-Kalender hatte ich gelesen, dass der Merkur an wenigen Tagen kurz nach Sonnenuntergang zu sehen sein sollte. Ich wusste, dass Kopernikus auf seinem Sterbebett bedauert hatte, den Merkur nie gesehen zu haben. Ich ging also wieder aufs Dach, sah mich wie immer um, ob etwa Wolken die Sicht behinderten, prüfte, ob ich Jupiter und Saturn in der Abenddämmerung schon erkennen konnte, und richtete dann meinen Blick nach Westen, wo die Sonne gerade untergegangen war. Und nach einigem Abwarten konnte ich tatsächlich Merkur ein wenig über dem Horizont erkennen. Er leuchtete wesentlich schwächer als die Venus. Noch ein Glücksgefühl! Als ich mich langsam umdrehte, bekam ich einen furchtbaren Schreck. Da war doch in der Zwischenzeit tatsächlich, heimlich, still und leise, der Vollmond über den Dächern aufgegangen und hat mich, der gerade ein Lichtpünktchen gesucht hatte, mit seiner gleißenden Lichtfülle fast erschlagen.
Das war die Zeit, als ich Astronom werden wollte.

Im Frühjahr 1943 sollte ich konfirmiert werden. Zusammen mit meinem Freund Dieter nahmen wir am

Konfirmandenunterricht an der St. Gertrud-Kirche teil. Pastor Uhsadel und manchmal seine Helfer brachten uns die Bibel nahe, insbesondere das Leben Jesu, wie es in den Evangelien beschrieben wird, darunter beeindruckende, märchenhafte Geschichten von der Heilung eines Blinden und von der Verwandlung von Wasser in Wein. Wir nahmen auch jeden Sonntag am Gottesdienst teil, lauschten wunderschöner Orgelmusik und sangen gemeinsam erbauliche Lieder: „Ein' feste Burg ist unser Gott, ein' gute Wehr und Waffen" und andere. Dieses gemeinsame Singen erzeugte in mir ein wohliges Gefühl der Verbundenheit und Gemeinsamkeit. Und ich konnte nachempfinden, dass sich viele Menschen in der Gemeinschaft der Gleichgesinnten geborgen fühlen.

Erste Zweifel

Natürlich lernten wir auch das christliche Glaubensbekenntnis kennen. Pastor Uhsadel sprach es uns Zeile für Zeile vor, und wir sprachen es ihm nach:

„Ich glaube an Gott, den Vater, den Allmächtigen,
den Schöpfer des Himmels und der Erde.
Und an Jesus Christus,
seinen eingeborenen Sohn, unsern Herrn,
empfangen durch den Heiligen Geist,
geboren von der Jungfrau Maria,
gelitten unter Pontius Pilatus,
gekreuzigt, gestorben und begraben,
hinabgestiegen in das Reich des Todes,
am dritten Tage auferstanden von den Toten,
aufgefahren in den Himmel;
er sitzt zur Rechten Gottes,
des allmächtigen Vaters;
von dort wird er kommen,
zu richten die Lebenden und die Toten.
Ich glaube an den Heiligen Geist,
die heilige christliche Kirche,
Gemeinschaft der Heiligen,
Vergebung der Sünden,
Auferstehung der Toten
und das ewige Leben.
Amen."

Ich nahm das zunächst so hin, so wie ein Märchen, ohne viel darüber nachzudenken. Aber da mir der Text des Glaubensbekenntnisses mehrmals während des Konfirmandenunterrichts begegnete, begann ich nachzudenken. Und da fand ich die Himmelfahrt doch ziemlich unglaubwürdig. Also doch ein Märchen? Um das näher zu untersuchen, versuchte ich, Grimms Märchen vom Rotkäppchen wie ein Glaubensbekenntnis zu formulieren:

Ich glaube, dass ein Mädchen gelebt hat, das eine rote Kappe trug und deshalb Rotkäppchen genannt wurde.
Ich glaube, dass Rotkäppchen ihrer Großmutter Kuchen und Wein bringen sollte, dazu durch einen dunklen Wald gehen musste und dabei einen Wolf traf.
Ich glaube, dass der Wolf fragte, wohin Rotkäppchen wolle, und dass Rotkäppchen ihm bereitwillig Auskunft gab.
Ich glaube, dass der Wolf zum Haus der Großmutter ging, sie fraß und ihre Kleider anzog .
Ich glaube, dass Rotkäppchen den Wolf für ihre Großmutter hielt und sich mit ihm über deren große Ohren und den riesigen Mund unterhalten hat, bevor der Wolf Rotkäppchen fraß und danach einschlief.
Ich glaube, dass ein Jäger das Schnarchen des Wolfs hörte, das Haus betrat, den Bauch des Wolfs aufschlitzte, Rotkäppchen und die Großmutter unverletzt herausholte und den Bauch des Wolfs mit

schweren Steinen füllte.

Ich glaube, dass der Wolf, nachdem er aufwachte, aus dem Bett sprang und tot umfiel.

Dieses in der ganzen Welt berühmte Märchen soll in ähnlicher Form schon im ersten Jahrhundert vor Christus entstanden sein. Schon damals gab es Kuchen und Wein, Großmütter, dunkle Wälder, Wölfe und Jäger. Aber dass Rotkäppchen sich mit dem Wolf unterhalten konnte, dass sich der Wolf verkleiden konnte und dass Rotkäppchen und die Großmutter unversehrt aus dem Bauch des Wolfs geborgen werden konnten, das konnte ich nicht wirklich glauben, und ich fand mich damit ab, dass Märchen phantasievolle Geschichten aber keine Tatsachenberichte sind.

Ist also das christliche Glaubensbekenntnis auch nur eine phantasievolle Geschichte? Das Besondere am Glaubensbekenntnis besteht darin, dass es von den Gläubigen als Bekenntnis zu Tatsachen angesehen wird, ja sogar auf Verlangen der Kirche so angesehen werden soll. Ich liebte zwar phantasievolle Geschichten; aber wenn es um Tatsachen und die Wahrheit ging, musste alles stimmen.

Damals las ich gerade ein Buch über das Leben und Werk von Leibniz, der ja als einer der letzten großen Universalgelehrten galt und der gleichzeitig mit, aber unabhängig von, Newton die Differenzialrechnung erfunden hatte. Von ihm ist mir vor allem die

Quintessenz seines Gelehrtenlebens im Gedächtnis geblieben: *Ich lernte, dass man sich in der Mathematik auf die Eingebung des Geistes, in der Naturwissenschaft auf das Experiment, in der Lehre vom göttlichen und mensch-lichen Recht auf die Autorität und in der Geschichte auf beglaubigte Quellen zu stützen habe.*

Soll man danach bei göttlichen Fragen die Kirche oder den Papst und in weltlichen Fragen den König als Autorität anerkennen? So war das wohl damals.

Wenn Jesus, wie die vier Evangelisten Matthäus, Markus, Lukas und Johannes bezeugen, ein Mensch war, dann kann es stimmen, dass er unter Pontius Pilatus gelitten hat, gekreuzigt wurde, gestorben ist und begraben wurde. Aber er kann nicht am dritten Tage auferstanden sein von den Toten, es sei denn er war nur scheintot. Und er kann schon gar nicht aufgefahren sein in den Himmel.

Wenn sich so ein Zweifel erst einmal festgesetzt hat, dann fällt es leicht, auch andere Bekenntnisse in Frage zu stellen, zum Beispiel das Bekenntnis zur jungfräulichen Geburt Jesu. Jedenfalls begann es in meinem Kopf zu rumoren. Könnten nicht einige Jünger Jesus des Nachts vom Kreuz geholt und seine Wunden versorgt haben, und könnte er nicht danach aus einer tiefen Ohnmacht aufgewacht sein?

Im Frühjahr 1943 wurde ich konfirmiert. Wir waren 160 Konfirmanden. Dieter und ich waren dem Pastor wohl durch lebhaftes Interesse am Konfirmandenunterricht aufgefallen. Denn, als wir uns zum Gang in die Kirche St. Gertrud am Kuhmühlenteich in Doppelreihe aufstellen sollten, setzte er uns beide an die Spitze. Zur Feier im Elternhaus wurden viele Freunde meiner Eltern eingeladen, die mir alle etwas schenkten, ein wunderschönes Schachspiel, ein modernes Astronomie-Buch, goldene Manschettenknöpfe und so weiter.

In den Sommerferien fuhren wir nach Lohr am Main. Wir wohnten im Gasthof „Zum Fuchsen". Da spielten der Pastor Fuchs und der Holzhändler Fuchs Schach, und ich durfte manchmal kiebitzen. Wir haben viele Wanderungen im Spessart gemacht. Dann hörten wir von Luftangriffen auf Hamburg. Mein Vater versuchte, seinen Bruder Paul anzurufen, um zu hören, ob unser Haus und das Café noch stehen. Er kam nicht durch. Er versuchte es mit einem dringenden Gespräch mit doppelter Gebühr. Ohne Erfolg. Dann mit einem Blitzgespräch mit zehnfacher Gebühr. Das kam auch nicht durch. Da beschloss er, mit der Bahn hinzufahren. Nach etlichen Tagen kam er wieder. Unser Haus war abgebrannt, nur der Keller blieb verschont. Das Café war auch abgebrannt, nur die Backstube war noch intakt. Onkel Pauls Haus war verschont worden. Er sagte so etwas wie: das müsse Gott wohl so entschieden haben. Ich fand das empörend. Glaubte er denn, dass er ein besserer Mensch sei als mein Vater? Immerhin erlaubte er, dass wir in seinem Haus wohnen konnten. Allerdings noch nicht gleich. Unser Vater sorgte für eine Verlängerung unseres Aufenthaltes im Gasthof Zum Fuchsen, schickte uns zur Schule und erkundigte sich beim Pastor Fuchs, wo mein Bruder Kurt und ich irgendwo in Norddeutschland, aber nicht in Hamburg, unterkommen könnten. Die Schule in Hamburg war auch nicht mehr in Betrieb. Wir gingen also etwa vier Wochen in eine bayerische Schule, und ich hatte keine Schwierigkeiten, im Unterricht mitzukommen. Man fragte sich damals sogar, ob ein bayerisches Abitur in Hamburg anerkannt werden würde. Inzwischen sind die bayerischen Schulen mindestens so gut wie die in Hamburg.

Schließlich informierte uns Pastor Fuchs, dass er von seinem Amtskollegen, Pastor Kiekbusch, die Nachricht erhalten hätte, dass wir in Eutin ein Schülerheim beziehen und auf dem benachbarten Johann-Heinrich-Voss-Gymnasium zur Schule gehen könnten.
Wir zogen also in das Haus meines Onkels und mussten uns ziemlich einschränken. Kurt und ich schliefen im großen Speisezimmer. Das war für meine Tante akzeptabel, weil wir sonst in das Zimmer eine Einquartierung von anderen Ausgebombten bekommen hätten. Im Winter war es in dem Zimmer manchmal so kalt, dass meine Bettdecke morgens mit einer Schicht Raureif bedeckt war, von meinem Atem.

Aber zuerst sahen wir uns natürlich an, was mit unserem Haus geschehen war. Es war abgebrannt. Die Fassaden waren stehen geblieben. Die Räume im Keller waren begehbar. Der Schutt von drei Stockwerken lag auf der Betondecke über dem Keller und teilweise im Keller, weil die Betondecke mehrere große Löcher bekommen hatte. Erst zwei Jahre später entdeckten wir ein vergleichsweise kleines Loch in der Kellerdecke. Es stammte von einer schweren Sprengbombe, die die Kellerdecke durchschlug und tief unter dem Boden der darunter befindlichen Garage stecken blieb: Ein Blindgänger, der von professionellen Bomben-Spezialisten entschärft werden musste. Wäre die Bombe explodiert, wären auch die Fassaden nicht stehen geblieben.

Natürlich war alles weg, was uns lieb war. Die elektrische Eisenbahn, meine Bücher, die Konfirmationsgeschenke. Etwas war allerdings erhalten geblieben: unsere Papiere! In der abgebrannten Konditorei war, außer der Backstube, auch noch der Tresor erhalten. Er war im Feuer sehr warm geworden, hat es aber überstanden. Allerdings lagerten darin auch Vanilleschoten. „Die sind so wertvoll wie Devisen", pflegte Onkel Paul zu sagen. Die Vanille war verdampft, und noch heute, nach über 70 Jahren, duftet meine Geburtsurkunde kräftig nach Vanille.

Sowohl mein Vater als auch sein Halbbruder Paul haben die Volksschule besucht bevor sie in die Konditorlehre gingen und später ihren Meister machten. Mein Vater hatte sich durch vieles Lesen weitergebildet. Mein Onkel hatte viele Bücher. Mit großem Interesse habe ich den „Untergang des Abendlandes" von Oswald Spengler gelesen. Das Buch regte mich an, mir „Eine Studie der Weltgeschichte" von Arnold Toynbee zu kaufen. Ich fand das Buch noch besser als das von Spengler, weil es nicht so destruktiv, sondern wissenschaftlich nüchtern war und auf sehr viele Kulturen einging. Ich ließ mich sogar zu der Äußerung hinreißen, dass ich mit niemandem mehr über Weltgeschichte diskutieren wolle, der nicht Toynbee gelesen hatte. Das klingt etwas überheblich; aber ich habe schon damals viel diskutiert und festgestellt, dass Diskussionen nur dann zu etwas führen, wenn man über den Diskussionsgegenstand etwa gleich gut Bescheid weiß. Sonst muss zunächst einer der an der Diskussion Beteiligten alle anderen auf den Stand der Kenntnisse bringen.

Im gleichen Bücherschrank fand ich auch die „Kritiken" von Immanuel Kant. Die „Kritik der reinen Vernunft" hat mich besonders gefesselt. Sie ist mühsam zu lesen. Kein gutes Deutsch, würde ich heute sagen, enthält aber sehr gute Gedanken.

Mein Bruder Kurt und ich gingen also im Herbst 1943 nach Eutin ins Internat Kaspar Genz. Das war am 15.

November. Am nächsten Tag war schon Schule. Die Schule machte keine Probleme. Ich hatte bald einen Freund, Kurt Knoop, der auch gern Sport machte. In der Pause liefen wir oft 100 m um die Wette. Er war etwas schneller als ich. Aber wenn er vorher geraucht hatte, war ich schneller. Das gab mir sehr zu denken. Ich mochte den Geschmack beim Rauchen nicht, und den Rauch mochte ich auch nicht, zum Glück. Ich mochte gern Tabak riechen und freute mich bei jeder Gelegenheit, wenn ich durch den Hamburger Freihafen fuhr, den Tabakduft aufzu-nehmen. Aber ich sagte schon damals und sage es noch heute: „Bloß kein Feuer dran legen!"

Im Januar 1944 nahm mich Kurt mit zum Bannführer der Hitlerjugend und sagte, dass ich schon in Hamburg Jungzugführer gewesen sei und nun auch hier eine Aufgabe übernehmen könnte. Der Bannführer machte mich gleich zum Jungzugführer für den Jungzug in Süsel. Das bedeutete, dass ich neben der Schule Aufgaben hatte, die in zunehmendem Maße meine Zeit beanspruchten. Ich fühlte mich natürlich auch anerkannt und hatte die Gelegenheit, viele Menschen kennen zu lernen.

Vom 2. bis 22. Juli musste ich auf die Gebietsführerschule Gudendorf. Da nahmen Hitlerjugendführer aus ganz Schleswig-Holstein teil. Ziel war die „Wehrertüchtigung" und die „nationalsozialistische

Erziehung". Die Ausbilder waren Unteroffiziere und Feldwebel. Wir machten sehr viel Sport. Eines Tages sollten wir boxen. Ich hatte in der Schule einen Turnlehrer, der uns die Grundbegriffe des Boxens beibrachte. Er wiederholte unablässig die beiden Wörter „federn" und „mahlen". Federn bedeutet, federnd von einem Bein auf das andere zu wechseln. Mahlen bedeutet, beide Fäuste vor dem Gesicht in kreisende (mahlende) Bewegung zu versetzen, wobei die linke Hand etwas höher als die rechte gehalten werden sollte. Tatsächlich geboxt, gegen einen Sandsack oder so, haben wir nicht. Ich hatte also überhaupt keine boxerische Erfahrung. Die Lehrgangsteilnehmer wurden in zwei Gruppen geteilt, und der Sieger der einen Gruppe sollte gegen den Sieger der anderen Gruppe kämpfen. Ich hatte einen gut durchtrainierten Körper, war verhältnis-mäßig groß und stellte mich federnd und mahlend vor meinem ersten Gegner auf. Ich glaube, der hatte furchtbare Angst. Nach dem ersten leichten Schlag gab er sofort auf. Mit den anderen ging es nicht viel anders. Ich selbst bekam höchstens mal einen Treffer auf meine Handschuhe. Aber richtig knackig getroffen habe ich auch keinen. Bald stand ich als Sieger der einen Gruppe fest. In der anderen Gruppe hatte sich auch einer durchgesetzt. „Oh, der kann boxen!", hieß es.

Als es zum Entscheidungskampf kommen sollte, entschuldigte sich mein potentieller Gegner bei der Lehrgangsleitung, er hätte eine Kiefernoperation gehabt, und die sei noch nicht ganz verheilt. Um die Veranstaltung zu retten, wurde ein Unteroffizier bestimmt, der mit mir boxen sollte. Er war etwas kleiner als ich, ging tief in die Hocke und zog seinen Kopf weit zurück, sodass ich ihn nicht erreichen konnte. Dann sprang er mich an und versuchte, einen Treffer zu landen. Er landete einen Wischer von oben auf meiner Stirn. „Oh!", entfuhr es mir, „der macht das nicht zum ersten Mal." Sofort wurde ich vom Schiedsrichter gerügt: „Beim Boxen redet man nicht, man boxt!" Bei einem seiner nächsten Sprünge muss wohl seine Nase auf meinem linken Handschuh gelandet sein. Jedenfalls blutete sie, und der Kampf wurde abgebrochen. Später erfuhr ich, dass ich gegen den norddeutschen Meister im Mittelgewicht geboxt hatte. Ich hatte meinen Spitznamen weg: „Der Boxer", was mir gar nicht gefiel. Es gab aber auch theoretischen Unterricht. Zum Beispiel wurde über Vererbung, Mendelsche Gesetze, und Mutationen der Erbanlagen referiert, die rein zufällig ausgelöst werden. Ich ließ mich auf einen Disput mit dem Vortragenden ein und sagte, dass Mutationen durch sehr kurzwellige Strahlung, z.B. die Höhenstrahlung, ausgelöst werden können. Diese Strahlung hat eine Wellenlänge von nur wenigen $\mu\mu$ (gesprochen mümü, wobei μ ein millionstel Meter bedeutet und $\mu\mu$ ein millionstel davon. Seitdem hieß ich nur noch Mümü, was mir wesentlich besser gefiel.

Im August war ich im Sommerlager Krummensee. Da wurden Schulungen abgehalten, Lieder gesungen usw., manchmal auch zusammen mit den Jungmädeln. Mit Landkarten und Kompass waren wir schon lange vertraut. Wir machten Geländeübungen, bei denen bestimmte Ziele gefunden und aufgesucht werden mussten. Ich erinnere mich an eine Übung, bei der es zwei konkurrierende Gruppen gab, die ein bestimmtes Ziel finden und dort einen Blumenstrauß pflücken sollten, der dann an eine der beiden Jungmädel-Führerinnen über-bracht werden sollte. Der Lohn sollte ein Kuss sein. Meine Gruppe war zuerst am Ziel, und ich ging nun mit meinem Blumenstrauß auf die beiden Mädchen zu. Da standen sie: Helga, wunderschönes Gesicht, Traumfigur, lebens-lustig, offen, und daneben Lissa, etwas herber, zurück-haltend, klug, ein stilles Wasser. Beide, wie ich, 16 Jahre alt. Ich hatte während der Geländeübung an Helga gedacht und wandte mich ihr jetzt zu. „Na, gib schon her!", sagte sie. Das war ihr Fehler. *Ich* wollte entscheiden und schwenkte auf Lissa zu. Der Kuss vor versammelter Mannschaft war nur gehaucht, wurde aber mit großem Gejohle begrüßt. Heute weiß ich, dass ich einen Fehler gemacht habe. Ich hätte den Blumenstrauß teilen und beide Mädchen küssen müssen.

Ich war eigentlich nicht unzufrieden mit meinem Leben, wusste aber, dass ich demnächst zum Militär eingezogen und an die Front geschickt werden würde. Meine

Klassenkameraden, die in Hamburg geblieben und etwas älter als ich waren, waren inzwischen Luftwaffenhelfer. Es gab aber eine Möglichkeit: Wenn man sich freiwillig zum Militär meldete, wurde man erst einige Monate später eingezogen. Ich hatte mich deshalb als Marineingenieur-reserve-Offiziersanwärter beworben. Ingenieur kam meinen Berufsvorstellungen am nächsten. Ich wollte damals Physiker werden.

Im Jungvolk war ich inzwischen die Karriereleiter hochgeklettert: Vom Jungenschafts-Führer über Jungzugführer, Hauptjungzugführer, Fähnlein-Führer zum Jungstammführer. Da war ich für einige Hundert Jungvolkjungen im Kreis Eutin verantwortlich. Ich musste immer wieder sogenannte Schulungen abhalten, in denen die Errungenschaften der nationalsozialistischen Bewegung hervorgehoben und einschlägige Lieder gesungen wurden. Das geschah auch schon mal gemeinsam mit den Jungmädeln.

Nachdem die Einladung zur Bewerbung als Marineingenieurreserveoffiziersanwärter eingetroffen war, fuhr ich nach Strahlsund. Dort hatte ich 8 Mitbewerber aus ganz Deutschland. Wir mussten einen Aufsatz schreiben, Mathematikaufgaben lösen, Fragen zu Erdkunde und Geschichte beantworten usw. Alles keine Hürde für mich. Wir aßen auch gemeinsam zu Mittag. Zum Nachtisch gab es Kirschenkompott mit Kernen. Man wollte wohl sehen, ob wir uns benehmen können und die Kerne in der Gegend rumspuckten. Dann kam der Sport. Die Hauptprüfung war am Hochreck. Der Prüfer fragte mich, was ich machen wolle. „Schwungstemme in den Stütz, Bauchwelle, halber Riese mit Fallkippe und Abgang mit Grätsche". Er winkte zwei Helfer heran, die mich im Bedarfsfall auffangen sollten. Mir kam zugute, dass ich mir die Grätsche selber in unserem Garten beigebracht hatte. Alles klappte und die Helfer wurden nicht gebraucht. Dann musste ich noch zur ärztlichen Untersu-chung und mich beim Kommandeur vorstellen. Zum Schluss fragte mich noch ein Marinepsychologe, ob ich glaubte, bestanden zu haben. Ich sagte: „Ja. Wenn überhaupt einer bestanden hat, dann ich". Und so war es. Ich war der einzige von uns neun, der bestanden hatte. Auf der Rückfahrt mit dem Zug wurden wir von einem englischen Jagdbomber beschossen. Wir mussten raus aus dem Zug und uns hinter dem Bahndamm nieder-kauern. Wenn der „Jabo" von der anderen Seite kam, mussten wir hinüberwechseln. Er hatte es aber vor allem auf die Lokomotive abgesehen. Die war auch bald kaputt, und der Dampf verließ sie aus mehreren Schusslöchern. Wir mussten vier Stunden warten, bis wir von einer anderen Lokomotive weitergezogen wurden.

Kirchenaustritt

Über die Religion, insbesondere mein Verhältnis zu Gott und Jesus habe ich oft nachgedacht. Ich war nach wie vor überzeugt davon, dass es einen Gott gibt und dass Jesus ein charismatischer Wanderprediger war, der die jüdische Religion reformieren und „Auge um Auge und Zahn um Zahn" durch „liebet Euren Nächsten" ersetzen wollte. Als Prediger der Liebe und Barmherzigkeit und damit als Heilsbringer bewunderte und verehrte ich ihn. Aber dass Jesus der Sohn Gottes ist, dass er von einer Jungfrau geboren wurde, dass er von den Toten auferstanden und in den Himmel gefahren ist, dass er dort neben Gott sitzt (wo ist denn dort eine Sitzgelegenheit?), dass er von dort auf die Erde zurückkommen wird, um die Lebenden und die Toten zu richten; das konnte ich einfach nicht glauben. Dazu war ich durch meine Beschäftigung mit den Naturwissenschaften zu sehr auf Fakten ausgerichtet. Auch an einen Heiligen Geist, die Auferstehung von den Toten und ein ewiges Leben konnte ich nicht glauben. Da bleibt nicht viel vom Christentum. Deshalb beschloss ich, konsequenterweise einen Strich zu ziehen und aus der Kirche auszutreten. Deshalb habe ich mit meinen Eltern über meinen Kirchenaustritt gesprochen. Die Eltern waren einverstanden. Immerhin war ich ja nicht volljährig.

Am 20. November 1944 trat ich standesamtlich aus der

Kirche aus. In meiner nächsten Lohnsteuerkarte (das gab es damals) stand dann unter Religionszugehörigkeit statt ev (evangelisch) ein vd (verschieden denkend). Einkünfte hatte ich allerdings nicht. Was blieb, war die Suche nach einer Vorstellung von Gott und eine Sympathie für Jesus, eine Sympathie, wie ich sie auch für Buddha und Konfuzius empfand. Jesus hat Liebe und Barmherzigkeit gelebt und der Menschheit als Vermächtnis hinterlassen.

Ende November erhielt ich einen Brief von meinem Vater. Im Brief war ein zweiter, den meine Schule an den Konditormeister Carl Vernimb geschickt hatte. Darin hieß es, dass meine Versetzung wegen versäumter Anwesen-heit und folglich schlechter Leistungen gefährdet sei. Mein Vater forderte mich auf, die Schule nicht wieder zu versäumen, um meine Karriere, auch als Reserveoffi-ziersanwärter, nicht zu gefährden. Meine Lehrer ärgerten sich (wohl zu Recht) darüber, dass ich die Schule nicht wichtig genug nahm. Ich nahm sie wichtig, hatte aber auch meine Verpflichtungen als HJ-Führer, die ich ja nicht nur zum Spaß erfüllen musste. Die „Rache" der Schule sah so aus: Sowohl in einer Physik- als auch in einer Mathematikarbeit bekam ich eine 5. Vielleicht waren meine Arbeiten nicht so gut wie sonst, aber Fünfen waren völlig übertrieben. Ich sagte zu meinem Physiklehrer, ich nenne ihn hier Dr. Schlott, dass ich später Physik studieren wolle und dass ich eine bessere Note im Zeugnis brauche und dass er mich doch noch einmal prüfen solle. Er ging mit mir zum Direktor. Der zögerte zunächst, stimmte aber schließlich einer Nach-Prüfung zu. Ich wurde hinausgeschickt, und ich bin mir sicher, dass der Direktor darauf drängte, mich durchfallen zu lassen, weil ja sonst die Fünfen in ein schiefes Licht geraten könnten.

Am 14. Dezember 1944 war dann die Nachprüfung vor versammelter Klasse. Dr. Schlott sagte zu mir: „Du möchtest eine bessere Note in Physik haben. Dann erzähl uns doch mal etwas von den Keplerschen Gesetzen und der Gravitation!" Meine Klassenkameraden guckten verdutzt; denn dieses Gebiet hatten wir im Unterricht nie behandelt. Wahrscheinlich war es Dr. Schletts Hobby, weil er sich auf andere Fragen an mich hätte vorbereiten müssen. Wie dem auch sei, Planetengesetze waren auch mein Hobby. Ich begann damit, dass Kopernikus festgestellt hatte, dass man die Bewegung der Planeten viel einfacher vorausberechnen konnte, wenn man annahm, dass Sonne, Mond und Planeten nicht um die Erde kreisen, sondern die Planeten um die Sonne. Johannes Kepler stand eine große Anzahl von Daten über Planetenbahnen zur Verfügung, die er selbst und sein dänischer Lehrer Tycho Brahe gemessen hatten. Daraus folgerte er sein 1. Gesetz: „Die Planeten bewegen sich auf elliptischen Bahnen, in deren einem gemeinsamen Brennpunkt die

Sonne steht." Und gleich danach das 2. Gesetz: „Ein von der Sonne zum Planeten gezogener „Fahrstrahl" überstreicht in gleichen Zeiten gleich große Flächen." Das bedeutet, dass sich die Planeten in Sonnennähe schneller bewegen als in Sonnenferne. Das 3. Gesetz fand er erst nach weiteren 10 Jahren: „Die Quadrate der Umlaufzeiten zweier Planeten verhalten sich wie die dritten Potenzen der großen Bahnhalbachsen." Kepler wusste, dass es so ist, aber nicht, warum es so ist. Das konnte erst Isaac Newton mit seinem Gravitationsgesetz nachweisen, nach welchem die Anziehungskraft zwischen zwei Massen proportional dem Produkt beider Massen und umgekehrt proportional dem Quadrat des Abstandes zwischen ihnen ist. Dr. Schlott stellte noch einige Zwischenfragen, die ich alle beantworten konnte. Dann war die Stunde um und Dr. Schlott verließ das Klassenzimmer ohne jegliche Bemerkung. Ich war erleichtert. Aber es war mehr: Es war Glanz und Gloria mit Pauken und Trompeten. Ich dachte, meine Klassenkameraden würden mir Anerkennung zollen. Aber sie starrten mich nur entgeistert, fast wütend, an und fragten: „Müssen wir das jetzt auch alles lernen?" Ich war total verblüfft. Zum Glück fiel mir doch noch eine Antwort ein: „Ja, wenn ihr auch ein gutes Zeugnis haben wollt."

Am nächsten Tag gab es Zeugnisse. In Physik und Mathematik hatte ich keine 5, sondern eine 3.

Ich habe ein Buch über die Mondfahrt gelesen, von Hermann Oberth, einem Physiker und Raketenforscher. Bald darauf gab es eine Julklapp-Feier. Auf dieser Feier im Dezember 1944 prophezeite ich, dass wir es noch erleben würden, dass ein Mensch zum Mond fährt, und dass wir Telefone wie Armbanduhren mit uns herumtragen würden. Manche lachten mich aus und nannten mich „Der Mann im Mond".

Mein Vater, er war gerade als Sanitätsfeldwebel in Schleswig, schickte mir einen Brief, in dem er mich bat, zu Weihnachten der restlichen Familie aus Schillers Wallenstein die Szene vorzulesen, in der Max Piccolomini sagt: „Ach lass den Kaiser endlich Frieden machen, Vater".

Ich hatte irgendwo den Spruch gelesen: „Wenn's etwas gibt, gewalt'ger als das Schicksal, dann ist's der Mensch, der's unerschüttert trägt". Das war mir zu passiv, und ich notierte in meinem Tagebuch: „Wenn's etwas gibt, gewalt'ger als das Schicksal, dann ist's der Mensch, der dennoch es bezwingt." Der Begriff Demut war mir suspekt. Er hörte sich nach der Verneinung von Mut an, von Kuschen.

Im Februar bin ich allein auf den Aussichtsturm bei der Jugendherberge Klingberg gestiegen und habe über Weltgeschichte und Menschentstehung nachgedacht. In den nächsten Tagen musste ich mehrere Schulungen an verschiedenen Orten abhalten: Über „Gott um uns und in uns", „Volksgemeinschaft – Blutsgemeinschaft", „Kampf ums Reich" und „Bedeutung der Rasse". Ich habe damals das Buch „Der Mythos des 20. Jahrhunderts" von Alfred Rosenberg gelesen, dem Chef-Ideologen des Nationalsozialismus. So manches, was darinstand, musste ich in meinen diversen Schulungen „rüberbringen".

Eine der letzten Schulungen fand an einem Abend auf dem Klingberg statt. 30 bis 40 Jungvolkjungen und Jungmädel waren da. Ich hatte die ewig gleichen Schulungen satt und dachte, ich könnte das „Deutschtum" auch anders vermitteln. Ich sagte: „Wir machen heute mal etwas Anderes. Wer von Euch kennt Schiller?" Zwei meldeten sich schüchtern. „Schiller war ein deutscher Dichter, der Theaterstücke und Gedichte geschrieben hat. Jeder Deutsche sollte Schiller kennen." Ich las dann einige der Gedichte vor, die mir besonders gefielen. Für die meisten war das etwas ganz Neues. Aber das Interesse war mindestens so groß wie bei den üblichen Schulungen.

Plötzlich ging das Licht aus. Ich sagte zu einem, der bei der Tür saß, er solle versuchen, eine Kerze aus der Küche zu besorgen. Es kam häufiger mal vor, dass der Strom wegblieb. „Ruhe! Sitzen bleiben! Es geht weiter." Ich hatte gerade den *Handschuh* angefangen, den ich auswendig konnte. Ich begann also im Dunkeln von vorn, und als ich fertig war, kam der Junge mit der Kerze, und ich konnte wieder lesen. Für manche muss das ein merkwürdiges Erlebnis gewesen sein.

Eines Tages quartierten sich ein Oberstabsarzt, ein Feldwebel und zwei oder drei Unteroffiziere in der Jugendherberge ein. Sie murmelten etwas von *inspizieren* und *provisorisches Feldlazarett*. Aber aus heutiger Sicht vermute ich, dass es Deserteure waren, die auf das Kriegsende warteten. Sie waren mit Maschinenpistolen bewaffnet aber sonst ganz umgänglich. Wir durften sogar ihre Maschinenpistolen in die Hand nehmen und mit uns herumtragen. Jürgen, einer meiner Unterführer, hatte gerade eine bei sich als wir uns in unserem kleinen Zimmer auf den unteren Betten gegenübersaßen. Während wir uns unterhielten, fummelte er an der Maschinenpistole herum, und plötzlich ratterten etwa zehn Kugeln unmittelbar neben meinem Knie in den hölzernen Bettrahmen. Uns blieben vor Schreck die Münder offen. Da stürzte auch schon der Feldwebel herein und schrie: "Seid ihr wahnsinnig?" und riss die Maschinenpistole an sich. „Ich wusste doch nicht, dass sie geladen ist", stammelte Jürgen. „Kindern soll man eben keine Waffen geben", schnaubte der Feldwebel und verschwand. Ich hätte ein Krüppel fürs Leben sein können.

Am Nachmittag ging ich mit Jürgen in die Kirche in

Gleschendorf, weil ich gehört hatte, dass Pastor Kiekbusch dort predigen würde. Mein Bruder Kurt und ich hatten ja auch ihm zu verdanken, dass wir nach Eutin kommen konnten, und ich wollte mich bei ihm bedanken. Zu meinem Erstaunen sagte er in seiner Predigt, die Alliierten stünden schon am Rhein und man solle doch endlich mit dem Krieg aufhören. Das hörte sich sehr nach „Wehrkraftzersetzung" an, was damals mit dem Tode bestraft wurde. Jürgen wollte laut protestieren, und ich konnte ihn nur mit Mühe davon abhalten. Beim Verlassen der Kirche gab Pastor Kiekbusch jedem Einzelnen die Hand. Jürgen weigerte sich, ihm die Hand zu geben. Ich gab Pastor Kiekbusch zwar die Hand; aber mein Dank war mir in der Kehle stecken geblieben.

In der folgenden Woche habe ich an einem Text „Suche nach Gott" geschrieben. Er war 5 Schreibmaschinenseiten lang, enthielt 6 Gedichte mit Bezug auf Gott und gipfelte in folgender Aussage: Es muss eine Kraft sein, die das Weltall geschaffen hat und die als „ruhiger Geist im Wechsel beharrt". Diese Kraft ist es auch, die als oberstes Gesetz über sämtlichen anderen tausenderlei verschiedenen Naturgesetzen steht und diese am richtigen Ort und zum richtigen Zeitpunkt einsetzt und wirken lässt. Diese Kraft nannte ich dann Gott. Damals fand ich das toll. Heute (76 Jahre später) halte ich es samt und sonders für Murks.

Ende März musste ich auf dem Gemeindebüro in Eutin 800 Einberufungen zum Volkssturm unterschreiben. Der Volkssturm war eine Art letztes Aufgebot und bestand vor allem aus Jugendlichen, also Hitlerjungen, und Männern, die zu alt für das Militär waren.

Anfang April musste ich für eine Woche ins Wehrertüchtigungslager Stieglitz an der Ostseeküste, südlich der Insel Fehmarn. Ein Oberleutnant gab Unterricht über das Legen von Bränden. Mittags habe ich mit meinem Freund Kurt in der Sonne gelegen und Faust gelesen. Danach gab es Unterricht über Sprengungen und Zündungen. Wir wurden im Gebrauch einer Maschinenpistole unterrichtet und sollten uns darauf einrichten, einen Unterstand von 6 m Länge, 4,50 m Breite und 3 m Tiefe zu bauen. Allmählich schwante uns, dass wir zu Werwölfen ausgebildet wurden. Das sind Partisanen, die Krieg hinter der Frontlinie gegen feindliche Besatzer führen.

Abends gab es politischen Unterricht über Religion. Nachts gab es einen Fliegerangriff auf Kiel. Wir hörten das Explodieren von Bomben und das Schießen der Flak (Fliegerabwehrkanonen). Am nächsten Tag, nach Frühsport und Frühstück, gab der Schulführer Unterricht im Geben von Anweisungen. Nachmittags lernten wir den Umgang mit Zeitzündern. Und es wurden Gruppen zu je 6 Mann gebildet, die „Findigkeitsmärsche" durchführen sollten. Dazu wurden wir um 3 Uhr

morgens geweckt und bekamen die Aufgabe, Strohballen zu besorgen. Meine Gruppe fand ziemlich schnell einen Bauernhof mit einer Scheune, die sich leicht öffnen ließ und Strohballen enthielt. Wir hatten weiteren Unterricht über Sprengungen und über Geheimhaltung. Und wir lernten, Zelte zu errichten. Einmal haben wir auch mal am Strand mit einer Panzerfaust auf eine Kiste geschossen. Die Wirkung und der Krach waren kolossal. Auch mit Pistolen haben wir geschossen. Es war sonst niemand am Strand. Nach einer Woche wurden wir neu eingekleidet. Wir wurden geradezu überrumpelt. Es waren nämlich SS-Uniformen, die wir bekamen. SS-Leute waren die „Treuesten" des Führers. Sie waren ursprünglich die Leibgarde Hitlers. Das wusste ich. Was ich damals nicht wusste, ist, dass sie für den Aufbau paramilitärischer Verbände und später für den Betrieb der Konzentrationslager zuständig waren, also so ziemlich das Schlimmste, das man sich denken konnte. Ich beruhigte mich damit, dass das alles vorbei sein würde, wenn ich meine Einberufung zur Marine bekäme. Beim Abschlussappell wurde ich zum Ausbilder in den Dingen bestellt, die wir im Unterricht gelernt hatten. Auf dem Rückweg über Kiel gab es wieder Fliegeralarm und Bomben auf die Vorstädte. Ich musste viele Kilometer zu Fuß laufen bis ich wieder in der Jugendherberge Klingberg war.
Ich erhielt den Auftrag, Schulungen auf einem Jungmädel-Lehrgang in Schleswig abzuhalten, und wollte

bei der Gelegenheit meinen Vater besuchen, der dort als Sanitätsfeldwebel in einem Lazarett tätig war. Für die Fahrt dorthin wollte ich mir ein Motorrad von der Fahrbereitschaft ausleihen und brauchte dazu eine Genehmigung vom Landratsamt in Eutin. Dort erfuhr ich, dass der Jahrgang 1929 zur SS oder zum RAD (Reichsarbeitsdienst) eingezogen werden sollte. Ich (Jahrgang 1928) hatte das Glück, einerseits als Jungvolk-Führer „unabkömmlich" zu sein und andererseits auf meine Einberufung als Marineingenieurreserveoffiziersanwärter warten zu können. Nach Abschluss einer Haftpflicht-Versicherung über 100.000 Reichsmark erhielt ich vom Landratsamt Benutzungs- und Berechtigungsscheine und das Motorrad. Ich war 16 Jahre alt und hatte natürlich keinen Führerschein. Bald stellte ich fest, dass der Vorderreifen Luft verlor und alle 20 km wieder aufgepumpt werden musste. Kurz vor Eckernförde erwischte mich ein Hagelsturm, und kurz vor Schleswig war das Benzin alle. Ich musste die Maschine bis zur Banndienststelle schieben. Auf dem Weg dahin sah ich auf der gegenüberliegenden Straßenseite einen Marineoffizier, ich glaube, es war ein Kapitän, in entgegengesetzter Richtung gehen. Ich hatte noch nie einen Wehrmachtsangehörigen militärisch gegrüßt. Die Hitlerjugend wurde von Wehrmachtsangehörigen nicht ganz für voll genommen. Außerdem war er ja ziemlich weit weg, zwischen uns floss der Verkehr, und vielleicht hatte er mich auch nicht gesehen.

Hatte er aber. Er rief mich zu sich hinüber.

„Sie haben mich nicht gegrüßt."

„Verzeihung, Herr Kapitän, ich habe Sie nicht gesehen."

„Zeigen Sie mir mal Ihre Papiere!"

Ich hatte keinen Marschbefehl oder so etwas. Ich sollte als Ausbilder zu einem Jungmädel-Lehrgang nach Schleswig kommen. Das wollte ich sagen, kam aber nicht dazu. Er hatte mich inzwischen gemustert:

„Sind Sie bei der SS?" Er sah mich ganz merkwürdig an.

„Na, ja", wollte ich sagen, „ich will Kadett werden." (so hießen die Marineoffiziersanwärter).

„Schon gut" sagte er schnell, grüßte kurz und ging schnell weiter. Ich hatte den Eindruck, er hätte gerade den Leibhaftigen gesehen. Das gab mir sehr zu denken. Von der Banndienststelle ging ich zur Jugendherberge, wo der Lehrgang stattfinden sollte. Nach dem Abendbrot ging ich zu meinem Vater. Er sah mich an und war entsetzt:

„Was soll denn diese Uniform? Du wolltest doch zur Marine!"

„Ja, ich warte nur noch auf meine Einberufung", versuchte ich ihn zu beruhigen. Aber er war ganz aufgebracht. Wir wurden von anderen gestört und gingen in ein anderes Zimmer, um uns weiter zu unterhalten. Es war kein glückliches Wiedersehen. Und dabei wusste man damals nie, ob es das letzte war. Am nächsten Morgen habe ich das Motorrad zur Werkstatt gebracht und den Vergaser gesäubert. Danach habe ich mit dem Mädel-Lehrgang mit der Pistole 38 schießen geübt und nachmittags über Sprengungen und Blaukopfzünder referiert. Nachts gab es Fliegeralarm, und mindestens eine Bombe fiel in Schleswig. Nach Beendigung des Lehrgangs kehrte ich zum Klingberg zurück.

Am 1. Mai kam durchs Radio, dass der Führer gefallen sei. War nun alles aus? Würde Deutschland kapitulieren? In der Jugendherberge waren immer mehr Soldaten angekommen, vor allem Offiziere. Es gab ständig neue Gerüchte.

Am 3. Mai stieg ich mal wieder auf den Aussichtsturm. Die Sicht war phantastisch: Im Osten die Ostsee. In der Neustädter Bucht lagen zwei große Passagierschiffe vor Anker. Im Süden die Türme von Lübeck, teilweise verdeckt von Rauchwolken. Im Nordosten Neustadt, und im Nordwesten der Kirchturm und der Wasserturm von Eutin, der an der gleichen Straße liegt wie meine Schule. Unter mir ein großer Acker und auf der anderen Seite Wald, aus dem das rote Dach der Jugendherberge leuchtet. Es ist sehr still oben auf dem hölzernen Turm. Aber nicht lange. Zuerst höre ich Motorengeräusch. Es wird immer lauter. Und dann sehe ich sie: Etwa 20 Jagdbomber, sogenannte Jabos, englische, wie ich an den Kokarden auf den Tragflächen erkennen kann. Sie verteilen sich und schießen auf alles, was sich bewegt. Ich sehe eine deutsche HE 111, ein zweimotoriges Kampfflugzeug, das im Tiefflug zu entkommen versucht.

Es wird aber entdeckt und beschossen, zieht eine Rauchfahne hinter sich her und entzieht sich hinter einem Hügel meinen Blicken. Bald darauf steigt dort eine Rauchsäule in den Himmel.

Im weiten Umkreis stehen inzwischen mehrere Gehöfte in Flammen. Die englischen Jabos konzentrieren sich jetzt auf die beiden großen Passagierschiffe in der Neustädter Bucht. Wie ich später erfuhr, waren es die *Deutschland* und die *Cap Arcona*, auf der sich 4.600 KZ-Häftlinge befanden. Die Jabos bilden eine Kette und werfen, einer nach dem anderen, Bomben auf die Schiffe. Es dauert nicht lange und die Schiffe kentern.

Plötzlich umkreist ein Jabo in einer engen Kurve meinen Aussichtsturm. Ich kann ganz deutlich den Piloten erkennen. Ob er mich wohl gesehen hat? Ich verfolge ihn mit meinen Augen. Er entfernt sich, dreht eine Kurve und – kommt haarscharf auf mich zu. Ich bin ganz sicher, dass er auf mich schießen wird, ich könnte ja ein militärischer Beobachtungsmelder sein. Mit größter Mühe zwinge ich mich dazu, ihm zuzuwinken. Und ich bin mir sicher, dass das mein Leben rettete. Den Piloten hätte ich später gerne kennen gelernt, um ihm zu danken. Ich kam mir feige vor, weil ich dem Feind zugewinkt, also gewisser-maßen um Gnade gebettelt hatte. Aber ich war doch froh, dass ich noch lebte. Gott war mir übrigens bei diesem Erlebnis nicht in den Sinn gekommen.

Am Nachmittag habe ich meine Waffen, die Pistole

08/15 und eine Maschinenpistole, im Wald vergraben. Außerdem Lebensmittel in Dosen und eine Kassette mit meinen Papieren und goldenen Manschettenknöpfen, die ich zur Konfirmation geschenkt bekommen hatte. Es strolchten allerdings Soldaten im Wald herum, von denen mich wahrscheinlich mindestens einer beobachtet hatte.

Viele Offiziere warten auf ihre Gefangenschaft. Der Lagerleiter verdrückt sich in Richtung Bayern. Und ich erhalte per Post meine Einberufung zur Marine. Ich soll nach Mürwik bei Flensburg kommen. Am nächsten Tag gehen Jürgen und ich zur Hauptstraße. Wir sehen zerschossene Autos. Ein Toter liegt auf der Ladefläche eines Lastwagens. Wir setzen uns in ein zerschossenes Auto. Da fahren Tommys (Engländer) an uns vorbei: Ein Panzerspähwagen und ein Motorrad. Zurück auf dem Klingberg will uns das zuerst keiner glauben. Für uns ist der Krieg also zu Ende.

Einige Offiziere haben Klingberg inzwischen zum Lazarett erklärt. Einen Stabsarzt und einen Oberzahlmeister gibt es auch. Die wollen unser Zimmer für das Lazarett haben. Wir weigern uns; es gibt überhaupt keine Verwundeten. Offenbar wollen da einige der Gefangenschaft entgehen, indem sie eine Scheinwelt errichten.

Der 8. Mai ist der Tag der Kapitulation Deutschlands. Wir erfahren aber erst später davon. Am 12. Mai um Mitternacht kam endlich wieder Strom, und wir konnten

Radio hören. So erfuhren wir von der Kapitulation. Vorher gab es nur Gerüchte.

Zu meinen drei Zimmergenossen habe ich Kontakt gehalten. Einer wurde Theaterregisseur und seine Tochter eine bekannte Schauspielerin. Den Zweiten habe ich in Bayern auf seinem väterlichen Hof besucht. Jürgen hat mich später einige Male in Hamburg besucht.

Am 16. Mai brach ich zu Fuß nach Hamburg auf. Als Marschverpflegung hatte ich eine Feldflasche mit Wasser und Käse in einer Dose. Ich durchquerte Bad Schwartau, Lübeck, Bad Oldesloe und Bargteheide. Einmal nahm mich eine Pferdekutsche etwa 12 km mit. Um 23:00 Uhr hielt mich ein englischer Posten an, das könnte vor Hoisbüttel gewesen sein, und schickte mich mit einem Soldaten in eine Wachtstube. Dort schlief ich auf dem Fußboden. Am nächsten Morgen wurde ich um 8:00 Uhr geweckt, musste die Stube ausfegen, bekam zum Frühstück Weißbrot mit Butter und Fleisch und wurde mit einem Auto 5 km weiter in ein Gefangenenlager gebracht. Das „Lager" war eine von Stacheldraht umzäunte Wiese, auf der sich schon etwa 20 Zivilisten befanden, alles Männer. Ich hatte meine Uniform schon auf dem Klingberg gegen Zivil ausgetauscht. Ein Captain führte die Verhöre. Ein Zivilist nach dem anderen wurde zu ihm gebracht. Einmal gab es eine Unterbrechung. Der Captain wurde abgerufen. In der Nähe soll ein Bauernjunge mit einem Luftgewehr in der Gegend herumgeballert haben. Die Verhöre gingen weiter. Es wurde spät. Ich kam nicht mehr dran. Inzwischen sprach mich ein Zivilist an, stellte sich mir als Hans Wiegand vor und schlug mir vor, in dieser Nacht mit ihm zu fliehen. Er war etwa 30 Jahre alt und auch noch nicht verhört worden. Ich hatte die Wahl zwischen einer Nacht ohne Decke auf der Wiese und einem nicht ungefährlichen Abenteuer. Keiner der Engländer hatte mich nach meinem Namen gefragt oder sich einen Ausweis zeigen lassen. Wenn die Flucht gelang, konnten sie mich nicht finden. Als es dunkel wurde bemerkten wir, dass es auf dem Dach des nahegelegenen Gebäudes einen Scheinwerfer gab. Der wurde einmal eingeschaltet, und sein Strahl wurde über die Wiese geführt, wohl mehr, um zu zeigen, dass er eingeschaltet werden konnte, wenn es ein verdächtiges Geräusch gab. Um 1:00 Uhr nachts robbten wir los, halfen uns gegenseitig unter dem Stacheldraht hindurch, der Vieh abhalten konnte, aber keine Menschen. Bald durchquerten wir einen Wald und konnten aufrecht gehen. Es war gerade hell genug, um nicht gegen Bäume zu laufen. Dann kamen wir an eine Straße, die wir überqueren mussten; wahrscheinlich die Straße, auf der man mich geschnappt hatte. Es war schon etwas heller, und man hätte in etwa 100 Meter Entfernung eine Bewegung sehen können. Wir huschten gemeinsam über die Straße. Wir hätten ein Reh sein können. Dann kamen wieder Wiesen, Wiesen und wieder Wiesen. Wir haben wohl über 20 Stacheldrahtzäune über- oder unterquert.

Auf einer der Wiesen stand ein Rind. Wir konnten nicht erkennen, ob es Kuh, Ochse oder Stier war. Da sonst kein Vieh zu sehen war, nahmen wir an, dass es ein Stier war. Wir gingen gemächlich weiter. Einmal schnaubte das Tier. Uns war ein wenig mulmig, besonders als es hinter uns her trottete. Aber wir schafften den nächsten Zaun und waren sehr erleichtert. Schließlich kamen wir an eine etwa 2 ½ Meter hohe Mauer, die sich endlos nach rechts und links zu erstrecken schien. Einer allein hätte sie nicht überqueren können. Wir halfen uns gegenseitig hinüber. Hinter der Mauer fühlten wir uns einigermaßen sicher. Wir schliefen von 4:15 bis 6:00 Uhr. Dann durchquerten wir den Park, so sah das Gelände wenigstens aus, und verließen ihn durch ein großes Tor. Wir fragten einen frühen Fußgänger wo wir sind und wie wir am besten nach Hamburg kämen. „Hier ist Ahrensburg. Die U-Bahn fährt. Da müssen Sie zum Bahnhof Volksdorf gehen. Dort immer gerade aus." Die 3 Kilometer nach Volksdorf waren ein Klacks. Das Quietschen der U-Bahn weckte Heimat-gefühle. Hans wollte am Hafen aussteigen. Ich wollte ihm meine Adresse geben. „Wir sehen uns nie wieder", sagte er, und etwas betonter: „Und wir haben uns auch nie kennen gelernt!" Ich vermute, dass er bei der SS war und eine Tätowierung hatte und deshalb auch unbedingt dem Verhör bei den Tommys entgehen wollte.

Endlich zu Hause! Die ganze Familie war da und hat mich freudig empfangen. Abends haben wir eine Flasche Wein getrunken. Am nächsten Tag, es war der 18. Mai, habe ich mich erst bei den Großeltern und dann bei der Polizei gemeldet und Lebensmittelmarken geholt. Abends haben wir mit der Familie zusammengesessen und über Nichtigkeiten sehr viel und laut gelacht. Es war einfach das Glück, den Krieg heil überstanden zu haben, und kein Sirenengeheul und keine Bombeneinschläge mehr hören zu müssen.

Das Ende des Zweiten Weltkriegs war ein großer Einschnitt. Es gab keine alles dominierende Partei mehr, keine Bespitzelung, kein Abhören feindlicher Radiosender („Germany Calling") unter Lebensgefahr. Erich, ein Onkel, hatte 1941 im englischen Radio gehört, dass das deutsche Schlachtschiff „Bismarck" im Nordatlantik von britischen Flugzeugen und Schlachtschiffen versenkt worden sei, wobei über 2000 Seeleute ihr Leben ließen. Erich arbeitete damals auf der Werft Blohm & Voß, wo die Bismarck gebaut worden war. Er erzählte einigen Kollegen unter dem Siegel der Verschwiegenheit vom Untergang der Bismarck. Ein Kollege informierte die Gestapo (Geheime Staatspolizei). Erich wurde abgeholt und nie wiedergesehen. Was noch funktionierte, war der Zusammenhalt in der Familie. Außerdem gingen die Kirchen ziemlich unbeschadet aus dem Krieg hervor. Führende Nazis wurden ins Gefängnis gesteckt und warteten auf ihre Prozesse. Außerdem mussten Geschäftsleute, Beamte, Ärzte, Juristen und viele andere „entnazifiziert" werden. D. h. sie mussten gegenüber der Militärregierung nachweisen, dass sie niemandem im Namen des Nationalsozialismus Schaden zugefügt hatten. Das betraf auch meinen Vater. Er besorgte sich ein Leumundszeugnis von einem Pastor. Der schrieb eine Schreibmaschinenseite voll mit schönen Sätzen, die alle davon handelten, dass mein Vater ein sehr guter und hilfsbereiter Mensch gewesen war. Am Schluss wollte er noch irgendetwas Positives hinzufügen, schrieb aber anstelle von „Ich füge hinzu ...": „Ich lüge hinzu ...". Ein Buchstabe machte den ganzen Sermon zu Makulatur. Ich habe damals gelernt, was ein „Freud'sches Versehen" ist. Alles musste neugetippt werden. Wir haben oft darüber gelacht.

Zu essen hatten wir im Krieg eigentlich immer genug. Es gab zwar Lebensmittelmarken für Brot, Mehl, Fleisch, Milch, Eier usw. Für manche gab es auch Schwerarbeiter- und Schwerstarbeiter-Zulagen. Man musste sorgsam mit den Lebensmitteln umgehen aber man konnte damit auskommen. Es gab allerdings keine Lebensmittelmarken für Südfrüchte, Bananen, Gewürze und andere „Luxuslebensmittel". Wenn wir mal nicht so zufrieden mit dem Essen waren, schwärmten wir davon, was wir nach dem Krieg essen wollten: Erdbeeren mit Sahne oder, für mich noch eine Steigerung,

Borkenschokolade mit Schlagsahne. Es gab auch Bezugsscheine für Kleidung, z.B. Mäntel, Schuhe usw. Nach dem Krieg gab es weniger zu essen. Gegen Ende des Krieges hat mal jemand zu mir gesagt: „Genieße den Krieg. Der Friede wird fürchterlich!" Es gab sogar Bestrebungen in den USA, nämlich den Morgenthau-Plan, Deutschland in einen Agrarstaat zu verwandeln. Unsere Währung, die Reichsmark, wurde immer weniger wert. Waren wurden zunehmend in Zigarettenwert bemessen. Die Besatzer wollten uns zur Demokratie erziehen. Ich dachte, mit einer hierarchischen Struktur, so wie beim Militär oder in der Kirche oder im Berufsleben, kommt man ohne langes Palaver schneller zum Ziel. Schließlich gab es im alten Griechenland auch schon Tyrannen, die gut für ihr Volk sorgten. Allerdings hat man dort die Demokratie erfunden, und das muss wohl einen Grund gehabt haben. Als Alleinherrscher ist man der Versuchung ausgesetzt, seine Macht zu missbrauchen, zur persönlichen Bereicherung, zum luxuriösen Leben auf Kosten der Untertanen usw. Und man muss sich gegen mögliche Nebenbuhler schützen, die auch gern die Macht hätten. Das führt dann schon mal schnell zu einer Geheimpolizei. Ich habe in dieser Angelegenheit die Worte des britischen Premiers Winston Churchill verinnerlicht: „Die Demokratie ist die schlechteste aller Staatsformen, ausgenommen alle anderen" und „Wenn es morgens um sechs Uhr an meiner Tür läutet und ich kann sicher sein, dass es der

Milchmann ist, dann weiß ich, dass ich in einer Demokratie lebe". An eine solche Demokratie mussten wir uns erst langsam gewöhnen. Verhungert sind wir nicht, aber ich erinnere mich daran, dass meine Mutter Scheiben von einem Brot abschnitt und uns gab. Als einer von uns quengelte: „Der hat aber eine dickere Scheibe bekommen", prägte sie das geflügelte Wort: „Scheibe ist Scheibe". Und dabei weinte sie, weil sie ihre Kinder nicht satt bekam.

Für mich persönlich brachte das Kriegsende natürlich auch eine große Umstellung mit sich. Ich war nicht mehr verantwortlich für 300 Jungen, musste keine Schulungen mehr abhalten, musste keine Angst mehr haben, mit der Waffe an die Front geschickt zu werden, musste nicht mehr von einem Ort zum anderen hetzen und alle paar Wochen 90 km nach Hause fahren und wieder zurück. Da kam es schon einmal vor, dass ich mein Leben als langweilig empfand. Es gab ja noch nicht einmal wieder Schule. Jedenfalls hatte ich viel Zeit zum Lesen. Was hatte mir mein bisheriges Leben gebracht? Ich war 17 Jahre alt. Ich wusste, außer in Latein und Englisch, mehr als fast alle anderen in meinem Alter, ich konnte anderen gut Dinge erklären, ich konnte andere führen, wobei ich immer versuchte zu erklären, warum etwas gemacht werden sollte, statt zu sagen: „Das ist ein Befehl", ich konnte handwerkliche, menschliche und intellektuelle Probleme lösen, ich konnte Motorrad und Auto fahren, auch wenn ich noch keinen Führerschein hatte, ich war neugierig, wissensdurstig und ich wusste, dass ich Abitur machen und danach Physik studieren wollte, und ich war sportlich topfit und einigermaßen selbstbewusst. Und ich hatte den Krieg heil überlebt. Ende Mai 1945 traf ich auf der Straße meinen ehemaligen Jungzugführer der mich für das Jungvolk geworben hatte, als ich 10 Jahre alt war. Wir setzten uns auf eine Vor-gartenmauer. Er wirkte auf mich wie ein Häufchen Elend. Er guckte immer wieder nach rechts und links und sagte, dass man ihn womöglich suchen würde und dass es für mich besser sei, wenn man uns nicht zusammen sehen würde. Er war klug und gebildet und musste inzwischen mindestens Bann- oder gar Gebietsführer geworden sein, oder einen Posten in der Partei gehabt haben. Ich fragte, ob ich ihm irgendwie helfen könne; aber er verneinte. Danach habe ich ihn nie wiedergesehen.

Mein Vater beschloss, unser Haus im Graumannsweg wiederaufzubauen. Dazu musste zunächst der Schutt beseitigt werden. Der größte Anteil davon waren Mauersteine; die mussten geputzt werden, mit Hammer und Meißel, und keiner sollte möglichst dabei kaputt gehen; denn sie wurden ja für den Wiederaufbau benötigt. Dann waren da noch die Doppel-T-Eisenträger, die auch wiederverwendet werden sollten. Wenn sie gerade geblieben waren, hatten wir Glück. Die meisten waren in der Hitze und unter dem Druck verbogen. Die mussten wir auf der Schulter zu einem Schmied schleppen, der sie mit seinem großen mechanischen Schmiedehammer wieder geradebog. Gewundene Doppel-T-Eisenträger konnte er nicht richten, die hätten zu einer Werft im Hafen gebracht werden müssen. Die Genehmigung, das Haus wiederaufzubauen, wurde nur erteilt, wenn ein intakter Keller vorhanden war. Dazu musste die Hälfte der Kellerdecke ersetzt, also mit Beton gefüllt werden. Dazu brauchte man Holz zur Verschalung. Das war noch schwerer zu beschaffen als im Krieg. Während des Krieges war die Alster „getarnt" worden, damit die Bomberpiloten sich nicht so gut orientieren konnten; d.h. dass große Teile der Alster abgedeckt wurden. Dabei wurde viel Holz verwendet, das nun nicht mehr gebraucht wurde. Einen Teil davon bargen wir und schleppten ihn zu unserem Haus. Damit verschalten wir die Flächen zwischen den Eisenträgern. Unser Vater ließ Zement, Kies und Sand kommen und sich das geeignete Mischungsverhältnis sagen, und er, mein Bruder Kurt und ich mischten die Bestandteile zuerst trocken, dann mit Wasser und verschlossen damit dann die Löcher. Ein Architekt, der den Plan für das neue Haus gemacht hatte, verlangte noch zwei mehrere Kubikmeter große Fundamente, die wir dann auch noch gossen.

Suche nach Gott

Mit vielen meiner Freunde und Freundinnen unterhielt ich mich über Kampf, über die Gesetze des Werdens und Vergehens, über Gott und Schicksal. Ich schrieb im Dezember 1945 ein Manuskript über dieses Thema. Es wurde 39 Schreibmaschinenseiten lang, und erhielt den Titel „Das Gottesproblem". Ich war ein Jahr zuvor aus der Kirche ausgetreten, glaubte aber noch an einen Gott, hatte allerdings Probleme, das Wesen Gottes zu definieren. Der Text handelte von der Wahrscheinlichkeit, dass Gott existiert, von den verschiedenen Gottesan-sichten der Religionen, von der Größe der Welt, von der vierten Dimension des Universums, davon, dass es endlich aber unbegrenzt ist (so wie in der dritten Dimension die Kugeloberfläche endlich aber unbegrenzt ist), vom Ursprung der Welt, von der Entstehung und Entwicklung des Lebens, von Erbanlagen und Umwelteinflüssen, vom freien Willen, vom Gewissen, vom Schicksal der Menschheit und endet mit einem Glaubensbekenntnis: Ich glaube, dass es ein oberstes Gesetz gibt, das man auch Gott nennen kann, nämlich das Gesetz des Werdens und Vergehens. Und ich glaube, dass das Schicksal des Menschen in groben Umrissen durch seine Erbanlagen und die Umwelteinflüsse vorherbe-stimmt ist, dass er es aber durch seinen freien Willen entscheidend beeinflussen kann. Ich glaube, dass es das einzig Richtige ist, sich durch das Gewissen leiten zu lassen, das Ideal eines tugendhaften Menschen anzustreben und die sich selbst gesetzten Ziele zum Wohl der Menschheit und in Erfüllung der Naturgesetze, d.h. Gottes Wille, zu

verfolgen, um dereinst in Walhall aufgenommen zu werden. Amen!
Ich habe damals sogar ein Gedicht verfasst, das fast nur von Gott handelt:

Sinn des Lebens
Den Himmel schuf Gott, das Land und das Meer,
weist jedem im Kosmos die Stelle   .
Bewegung erteilt er der Welt rings-umher,
schafft Dunkelheit damit und Helle.

Doch war auch durch dies noch nicht alles getan:
Er zeugte das Leben auf Erden.
Das Leben brach durch Entwicklung sich Bahn:
es sollte der Mensch daraus werden.

Und der scheint zur Freude des Gottes gemacht;
zum Spielzeug bestimmt seiner Lust.
Er hat für die Menschen zwei Worte erdacht:
Die Worte du darfst und du musst.

Und ein Ziel hat der Mensch von der Allmacht empfangen:
Im Streben dem Gott sich zu nah'n.
Das darf der Mensch, und er will's auch erlangen
so wie er's von jeher getan.

Das ist seine Aufgabe, des Lebens Sinn.
Den Weg, den muss er erfragen.
Und steht er auch sicher im Leben drin,
muss er doch kämpfen und wagen.

Allmächtig schuf Gott das Gesetz der Natur,
lässt ringen die Menschen ums Dasein,
schickt Krankheit und Tod noch auf ihre Spur,
und lässt sie im Leben verarmt sein.

Den Menschen erwächst so die heilige Pflicht,
im Dürfen und Müssen zu handeln.
Das Ziel zu erstreben, verzagen sie nicht:
Sie werden die Welt dadurch wandeln.

Und ist auch dem Menschen ein Ende gesetzt;
das Leben beendet der Tod.
Er ist nur ein Glied. Wenn der Sohn ihn ersetzt,
erfüllt er des Gottes Gebot.

Und stolz erkennt er nach der Jahre Mühsal,
die er mit Gott, der Welt, sich selber ringt:
Wenn's etwas gibt, gewalt'ger als das Schicksal,
dann ist's der Mut, der dennoch es bezwingt.

Damals, mit 17 Jahren, fand ich mich großartig, so ein Gedicht zu schreiben. Ich gebe es nur wider, um zu zeigen, wie sehr mich die Suche nach Gott beschäftigt hat. Nicht viel später fand ich das „Gesetz des Werdens und Vergehens" aber viel zu unpräzise und schwammig, um es mit Gott gleichzusetzen. Und davon, dass die Erfüllung der Naturgesetze Gottes Wille sei, habe ich auch Abstand genommen. Denn die Naturgesetze gelten, ob Gott es will oder nicht. Heute, mehr als 70 Jahre nach der Abfassung des Textes, stehe ich allerdings immer noch zu den Aussagen über Erbanlagen, Umwelteinflüsse, freien Willen, Gewissen und selbst gesteckte Ziele, würde allerdings Walhall aus dem Spiel lassen.

Ich ging wieder zur Schule und wir hatten teilweise guten Unterricht, insbesondere in Mathematik, Biologie und Erdkunde. Ich möchte hier eine Episode erwähnen, die nichts mit Gott zu tun hat, aber bezeichnend ist für die Einstellung unserer Klasse. Die meisten von uns waren Luftwaffenhelfer oder waren an der Front gewesen und hatten teilweise schreckliche Erfahrungen gemacht. Drei unserer Mitschüler waren gefallen. Dazu kam die Bürde der Niederlage. Wir wollten die Vergangenheit überwinden, wir wollten eine bessere Zukunft schaffen. Und deshalb wollten wir lernen, lernen, lernen. Unser neuer Erdkundelehrer, ich nenne ihn hier Dr. Schweiker, war eine Koryphäe der Heimatkunde und von seinem Spezialgebiet so begeistert, dass er kaum etwas anderes lehrte. Das würde uns im Abitur nicht sehr helfen. Wir beschlossen, ihn loszuwerden, und zwar durch Schweigen. Als er kurz über die erdgeschichtlichen Zeitalter sprach und unseren "Erdkunde-Primus" Horst, der ganz hinten links saß, aufforderte, den Stoff zusammenzufassen, stand dieser auf, sagte aber kein Wort (für ihn als dem ersten war es am schwierigsten, alle weiteren hatten es leichter). Dr. Schweiker forderte den nächsten, den übernächsten und einen nach dem anderen in den Reihen von hinten bis vorn auf. Alle standen auf und schwiegen. Dr. Schweiker, sonst immer freundlich, wurde eisig: "Ihr schreibt für die nächste Erdkundestunde eine Strafarbeit über den Hauptge-danken der heutigen Erdkundestunde". Er ging; wir blieben, berieten und beschlossen, alle die gleiche Arbeit im gleichen Format zu schreiben, und zwar sofort. In größter Eile wurden zwei Texte entworfen; meiner wurde ausgewählt. Papier wurde in lange Streifen geschnitten. Und jeder schrieb den gleichen Text im gleichen Format:

Strafarbeit 26. April 1946

Der Hauptgedanke der Erdkundestunde. Soweit man von einem Hauptgedanken der Erdkundestunde sprechen kann, bestand er in der qualitativen Repitition einer in den vorigen Stunden behandelten, bzw. nicht behandelten Materie. Die Repitition umfasste zeitlich das Archaikum bis zum Alluvium, bzw. den Anfang der Stunde bis zum Läuten, und räumlich die untersten Erdschichten bis zur Oberfläche, bzw. die Klasse zwischen Horst und Karl-Dieter.

Die Zettel wurden eingesammelt, und der Stapel wurde vor der nächsten Erdkundestunde säuberlich geschichtet auf das Lehrerpult gelegt. Dr. Schweiker kam, sah, nahm den Stapel und verschwand. Nach zehn Minuten kam er wieder: "Wer ist Klassensprecher?" Ich meldete mich. "Zum Direktor!" Auf dessen Schreibtisch lag der Stapel,

säuberlich geschichtet. "Was soll das alles?" "Wir respektieren Herrn Dr. Schweiker als Mensch und wir bewundern seine Kenntnisse in Heimatkunde; aber wir lernen nicht, was wir für das Abitur brauchen. Wir möchten einen anderen Erdkundelehrer."
In der nächsten Erdkundestunde kam Dr. Schweiker noch einmal, sagte, dass wir einen neuen Lehrer bekämen und dass in der Zwischenzeit Vernimb den Unterricht geben könnte, der sich ja in dieser Sache so außerordentlich exponiert hätte. Ich erinnere mich nicht mehr an die Einzelheiten; aber in meinem Tagebuch steht, dass ich den Unterricht gemacht habe. Ich habe über die geologischen Formationen gesprochen und über die Entwicklung der Menschen von einem gemeinsamen Vorfahren der Menschenaffen und der Menschen über den homo erectus bis zu uns, den homo sapiens. Das gehörte zwar nicht unbedingt in den Erdkundeunterricht, aber ich ging davon aus, dass Abiturienten das wissen sollten. Dr. Schweiker verzog sich bald, ich hörte danach auf, und wir feierten unseren „Sieg". Wir hatten uns gegen die Autorität sowohl eines Lehrers als auch der Schulleitung durchgesetzt, und zwar durch Geschlos-senheit. Dabei hatten wir das Gefühl, etwas Sinnvolles gemacht zu haben.

Im Februar 1947 hatte ich ein neues Manuskript verfasst: „Kosmos und Erden-Schicksal". Es wurde ebenfalls 39 Seiten lang und handelt von den Erdzeitaltern, der Gravitation samt Ebbe und Flut und Erdbeben, der Kontinentalverschiebung, der Sonnenstrahlung, der Menschwerdung, der Zeit samt dem Kalender, der Stern-deutung, den Sonnenflecken und der Höhenstrahlung. Der Inhalt des Manuskripts beruht natürlich auf dem damaligen Kenntnisstand. Heute, nach mehr als 70 Jahren, ist aber das Meiste davon noch gültig. Das Manuskript enthält außer Fakten auch Meinungen:

„Der Mensch war es wert, seinen Namen (*homo sapiens*) zu tragen, als er zum ersten Mal zum Himmel aufschaute und in den Gestirnen die unfassbare Weite der Welt erblickte und als er zum ersten Mal darüber nachdachte, ob es eine Allmacht gibt. Er musste sich klein fühlen, weil er feststellen musste, dass es eine Unzahl von Dingen gibt, die er nicht begreifen konnte. Darüber nachdenkend musste er zu dem Ergebnis kommen, dass es ein höheres Wesen gibt, welches alles lenkt. Es war dies der bedeutende Markstein der Schöpfung, wo Gott dem Menschen und der Mensch Gott geschenkt wurde."

Eines Tages schlug Gerd, unser Klassenprimus in Deutsch, nach einem Theaterbesuch vor, mit unserer Klasse Goethes Faust aufzuführen. Er begeisterte mehrere Klassenkameraden und trug die Idee unserem Klassenlehrer Nöllemann vor. Der wollte gleich eine Theatergruppe gründen mit Teilnehmern aus der ganzen Schule. Das wollte Gerd aber nicht; und so zog sich Nöllemann etwas beleidigt zurück. Vielleicht dachte er auch, dass die Sache doch nichts werden würde. Die wichtigsten Rollen waren bald besetzt. Gerd selber würde den Faust, Klaus würde den Mephisto und Walter den Schüler spielen. Nur die Frauenrollen, Gretchen und Frau Marthe, machten uns Kopfzerbrechen. Mich bat Gerd, als Intendant zu fungieren. Das lief darauf hinaus, dass ich für Regie und Produktion zuständig war. Wegen der Frauenrollen baten wir unseren Direktor um Hilfe. Der lehnte ab. Dann gingen Gerd und ich zur Direktorin des nächstgelegenen Mädchengymnasiums am Lerchenfeld. Die schickte uns mehrere Mädchen, die wir vorsprechen ließen. Keine war auch nur annähernd der Aufgabe gewachsen. Schließlich kam Walter auf die Idee, einen Dozenten der Volkshochschule, der Kurse über Dichtkunst und Theaterwissenschaften gab, um Hilfe zu bitten. Der schickte uns zwei junge Damen, die ganz und gar unseren Erwartungen entsprachen. Wir waren gerettet und konnten mit dem Auswendiglernen und mit den Proben beginnen. Die fanden während der Sommerferien fast täglich statt. Da wir von der Schule keine Hilfe erwarten konnten, bemühte ich mich um einen geeigneten Theatersaal und fand ihn schließlich im Volksheim Eppendorf mit 500 Sitzplätzen. Der Geschäftsführer des Theaters war der Schauspieler Walter Voscherau, der Onkel des späteren 1. Bürgermeisters von Hamburg, Henning Voscherau. Ich vereinbarte 2 Tage für Proben und einen Samstag und Sonntag für zwei Aufführungen, ohne zunächst ein Datum festzulegen. Wir brauchten Genehmigungen der Militärregierung und der Kulturbehörde; außerdem eine Versicherung. Wir brauchten noch einen Bühnenbildner und einen Beleuchter. Wir fanden sie in Hans-Werner Lang und Horst Kärgel, die beide eine Klasse „jünger" waren. Sie waren mit Enthusiasmus dabei, und in unserer Klasse gab es niemanden, der so gut dafür geeignet war.

Das Formular für die Genehmigung der Militärregierung erhalte ich im UFA-Haus. Die Kulturverwaltung schickt mich zum Gewerbeamt; aber die wissen auch nichts: "Das ist der erste Fall". Ich gehe zu United Information Control, der zuständigen Stelle der britischen

Militärregierung und will den Antrag (das ausgefüllte Formular) für die Faustaufführungen einreichen. Dort will man aber zuerst die Zustimmung des Gewerbeamts haben. Ich gehe also zum Gewerbeamt. Ein Inspektor Becker will nicht genehmigen; wir seien noch keine 21 Jahre alt; und es müsste von der Schule ausgehen: "Versuchen Sie es doch noch mal bei der Kulturverwaltung!". Bei der Kulturverwaltung treffe ich auf Oberregierungsrat von Usslar. Der ist gerade schlechter Stimmung ("kann auch nicht helfen; ist Sache des Gewerbeamtes"). Ich beschließe, es beim Senator zu versuchen. Kultursenator Klee-Gobert ist gerade im Urlaub; aber von Usslar gibt uns ein Schreiben mit, das uns viele Türen öffnet: „... Die Kulturverwaltung hat keine Bedenken, wenn dem Vorhaben jegliche Unterstützung gewährt wird." Im Deutschen Schauspielhaus haben wir um Kostüme gebeten. Und wir haben eine Druckerei gefunden, die Eintrittskarten und Programme für den Faust drucken kann. Inzwischen hat unser Klassenlehrer Nöllemann bemerkt, dass wir während der Sommerferien Fakten geschaffen haben und der Faust nahezu aufführbar ist. Er macht Einwendungen, "sieht schwarz", will abraten. Eine Kommission, bestehend aus zwei Lehrern, soll einen Teil des Stücks begutachten und dann entscheiden. Am nächsten Tag nörgelt Nöllemann wieder. Er will offenbar die Faustaufführung verhindern. Uns ist bewusst, dass wir uns als Klasse organisieren müssen, wenn wir uns wirksam gegen Nöllemann, den Direktor und die übrigen Lehrer wehren wollen. Deshalb entwerfen Gerd, Horst, Klaus, Otto und ich eine Verfassung und stellen sie der Klasse zur Abstimmung. Alle reden durcheinander, es wird laut, Chaos bricht aus. Schließlich komme ich zu Wort: „So geht das nicht. Wir brauchen zunächst einen Präsidenten, der denen, die sich zu Wort melden, das Wort erteilt. Ich schlage Udo dafür vor. Der hat die größte und lauteste Klappe und kann sich am besten durchsetzen". Tatsächlich ist Udo der größte Schreier, und ich will ihn auf diese Weise mundtot machen, frei nach Schillers Wallenstein: „Jetzt hat er nur ein Amt und keine Meinung". Tatsächlich stimmen alle zu und Udo nimmt die Wahl an. Ich werde als Vertreter der Klasse nach außen bestätigt. Walter gibt den Druck der Eintrittskarten in Auftrag, weil sie sonst nicht rechtzeitig zur Verfügung stehen würden.

Der Direktor ruft Nöllemann, Gerd und mich zu sich und sagt, dass die zwei Lehrer nicht entscheiden werden, sondern Herr Clasen, der stellvertretende Direktor. Er selbst wolle nichts damit zu tun haben. Wir setzen durch, dass der Dozent der Volkshochschule, der uns die beiden Mädchen vermittelt hatte, an der Testvorführung teilnehmen darf und bitten Nöllemann, ebenfalls zu kommen. Er kommt aber nicht. Nach der Testaufführung macht der Dozent Verbesserungsvorschläge, empfiehlt aber, zu spielen. Am nächsten Tag kommt Nöllemann triumphierend mit einem Brief, angeblich von Clasen. "Alles aus, alles aus!", er kann seine Freude nicht verbergen. "Laienspiel und Faust passen nicht zusammen. Verbot von behördlicher Seite; nicht mehr rückgängig zu machen! Packt man ein!" Dabei hat Clasen die Kritik des Dozenten noch gar nicht gesehen! Wir unterrichten die Klasse, alle sind sehr deprimiert, alle haben in irgendeiner Funktion mit Faust zu tun. Wir fragen noch unseren Deutschlehrer, ob er uns helfen könne. Er will nichts damit zu tun haben. Es scheint, dass alle Lehrer Angst haben, es mit Nöllemann zu verderben, auch die beiden, die zunächst die Testaufführung beurteilen sollten.

Dieter will noch Kostüme von der "Jungen Bühne" besorgen, braucht dazu aber die Genehmigung der Schulverwaltung und will deshalb zu Oberschulrat Merck.

Wir erhalten die schriftliche Kritik des Dozenten der Volkshochschule. Sein Resümee lautet: "Ich kann nur wünschen, dass die Aufführung gelingen möge, vor allem aus der Erkenntnis heraus, dass hier nicht Eitelkeit und Ehrgeiz negativer Art die Spieler treibt, sondern wirklich dienender Wille, den Dichter zu erfassen und aus seinem Werk zu lernen."

Dieter geht wegen der Kostüme zur Schulverwaltung, kommt aber nur bis zum Vorzimmer und erhält den Bescheid, 'Merck könne nichts machen'. Am nächsten Tag kommt Nöllemann in höchster Erregung in die Klasse, ruft Dieter raus und beschimpft ihn, er habe ihn, Nöllemann, hintergangen. Es sei verboten, mit Merck zu sprechen. Dann zur Klasse: "Habt ihr das immer noch nicht begriffen? Merck hat angerufen und sich 'väterlich aber ablehnend' geäußert." Nölle verbietet uns und insbe-sondere mir, noch irgendetwas in Punkto Faust zu unternehmen, die Sache sei verboten. Am Nachmittag gehe ich zu Oberschulrat Merck, trage ihm 35 Minuten lang unser Anliegen vor. Er ruft währenddessen Clasen an, unseren stellvertretenden Direktor. Der sagt, er sei weder dafür noch dagegen. Und Merck hat nicht 'abgelehnt'! Am nächsten Tag teilen Gerd und ich Nöllemann dieses Ergebnis mit. Es muss ihm klar geworden sein, dass wir wissen, dass er uns belogen hat. Es gab gar keinen Brief von Clasen, und Merck hatte sich auch nicht 'väterlich aber ablehnend' geäußert. Nölle gibt nach, rügt nicht einmal, dass ich sein Verbot, Merck aufzusuchen, ignoriert habe. Auch der Direktor hat keine Einwände mehr. Nachmittags bin ich bei Obersenatsrat Dr. Köster. Er erklärt, dass Faust steuerfrei ist, ich müsse nur noch das Steueramt Eppendorf informieren.

Das Deutsche Schauspielhaus ist endlich bereit, Kostüme aus seinem Fundus zur Verfügung zu stellen. Wir sehen uns dort die Kostüme an und suchen geeignete aus. Wir erhalten die Eintrittskarten von der Druckerei. 59 Karten habe ich selber verkauft. Endlich erhalte ich auch die Genehmigung der Militärregierung. Und ich habe die Aufführungen gemäß der Forderung des Volksheims gegen Haftpflicht und Verluste versichert. Wir proben einige Szenen auf der Bühne im Gemeindesaal. Nöllemann, im Zuschauerraum, will Änderungen. Das fehlte gerade noch, die mühsam einstudierten Abläufe zu verändern und so die Schauspieler zu verunsichern. Ich lasse einfach den Vorhang schließen, schneide so Nöllemann ab; und wir proben bei geschlossenem Vorhang weiter. Nachmittags holen wir die Programme von der Druckerei ab und machen noch bis in die Nacht Beleuchtungsproben im Gemeindesaal. Am 4. Oktober 1947 ist Generalprobe, dieses Mal bei offenem Vorhang. Einige Klassenkameraden sitzen im Saal. Und Nöllemann! Er will schon wieder etwas ändern. Ich herrsche ihn an: „Das hier ist die Generalprobe. Halten Sie bitte den Mund!" Und siehe da, er hält ihn. Alles klappt! Aber Schminke fehlt. Wir bitten den Theaterfriseur, der uns auch die Perücken besorgt hatte, zu den Aufführungen zu kommen. Abends bin ich ziemlich aufgeregt. Habe ich auch nichts vergessen? Mir wird klar, dass ich die Verantwortung für so viele Aufgaben übernommen habe, für die beim Film und beim Theater viele Menschen zuständig sind. Ich gehe nochmals alles durch und komme zu dem Ergebnis, dass alles klappen müsste und ich ruhig schlafen kann. Am 5. Oktober übergebe ich Herrn Voscherau die Saalmiete, Der Friseur ist da mit seinem Schminkkasten, und ein Fotograf macht Fotos.

Um 16.30 Uhr ist Premiere. Alles klappt, der Saal, der 500 Leute fasst, ist fast voll. Natürlich sind viele Schüler aller Klassen da und ihre Eltern und Geschwister und unsere Lehrer und Schüler anderer Schulen. Die Begeisterung ist groß. Es ist ein tolles Gefühl, so viele Menschen begeistern und so viele Schwierigkeiten überwinden zu können; und dass die Klasse so zusammengehalten hat. Wenn wir so etwas schaffen können, dann können wir auch noch viel mehr schaffen im Leben. Irgendwie ist es auch ein Sieg über Nöllemann. Der kommt kurz in die Garderobe, sagt aber nichts.

Ich möchte an dieser Stelle unsere beiden Helfer aus der 11. Klasse erwähnen, die für das Bühnenbild und die Requisiten (Horst Kaergel) und für Beleuchtung und reibungslose Abläufe der Szenen (Hans-Werner Lang) zuständig waren. Sie erstellten detaillierte Pläne für alle Szenen, einschließlich wer wann, von wo und auf welches Stichwort auf die Bühne kommen sollte, welche Scheinwerfer ein- oder ausgeschaltet werden sollten und wann der Vorhang gezogen werden sollte. Sie haben ganz wesentlich zum Erfolg beigetragen.

Am 6. Oktober ist die Aufführung sogar noch besser, 15

Minuten tosender Beifall, Blumen in Menge, unzählige Vorhänge. Nöllemann sagt nichts, geht weg. Wir feiern unseren Erfolg die ganze Nacht bei Max, unserem Souffleur.

Ich versuche, dem Leser die Atmosphäre zu beschreiben, in der wir uns befanden. Die Nürnberger Prozesse gegen die Hauptkriegsverbrecher liefen vom 20. November 1945 bis zum 1. Oktober 1946, und die Siegermächte ließen uns durch Radio und Zeitungen wissen, wie verabscheuungswürdig wir Deutschen waren. Wir wollten raus aus der Niedergeschlagenheit: Lernen, lernen, lernen. Wir wussten, dass viele Deutsche Schuld auf sich geladen hatten, und dass das Ansehen Deutschlands in der Welt verlorengegangen war. Wir versuchten, uns an irgendetwas zu klammern. So mancher dachte: "Aber den Goethe, den könnt ihr uns nicht nehmen". Lernen war uns nicht genug. Wir wollten etwas tun, etwas Großes, Wichtiges. Als die Idee geboren war, den Faust zu inszenieren und aufzuführen, wollten alle mitmachen. Ein Lehrer meinte „nehmt doch etwas Leichteres!" Er hat uns überhaupt nicht verstanden. Wir wollten nichts Leichtes. Walter, der im Faust den Schüler spielte, sah das so:

„Das geistige Erwachen in dieser Klassengemeinschaft ist für mich eine sehr eindrückliche Erinnerung an diese Zeit Wir wollten lernen, wollten die Welt verstehen; wir suchten Erklärungen, aber wir erhielten keine. Die Schule war noch gefangen in den alten Maschen ihrer Ordnungs-vorstellungen und konnte uns nur Leitsätze, Vokabeln und Formeln vermitteln. Alles andere mussten wir alleine suchen und finden. Wir fanden damals den Faust. Im Rückblick mag das überheblich klingen, aber wer sich vergegenwärtigt, welche Alternativen wir hatten, mag ahnen, was dieses gemeinsame Erlebnis für uns damals bedeutete".

Wenn es stimmt, was Psychologen behaupten, nämlich dass man den Sinn des Lebens erfahren kann, indem man Großes gemeinsam anstrebt und erreicht, dann waren wir auf der richtigen Spur. Es war fast so, als hätten wir uns am eigenen Schopf aus einem Sumpf gezogen.

Am 8. Oktober fing die Schule wieder an. Die Lehrer hatten die Aufführung gesehen, waren aber zurückhaltend. Der Lateinlehrer soll geklatscht haben. Der Zeichenlehrer sagte "gut", obwohl Nöllemann ihn bedrängt hatte, nichts zu sagen. Unser Deutschlehrer hatte keine der beiden Aufführungen gesehen. Er hätte stattdessen Kartoffel besorgen müssen (an 2 Tagen!); der Feigling. Er war kein guter Lehrer, introvertiert, unsicher, ein Duckmäuser.

Eine Schülerin aus Klasse 12 einer Mädchenschule schrieb eine begeisterte Kritik, von der ich hier einen Auszug widergebe:

„Schüler spielen Faust. Die Oberschule Armgartstrasse hat ... eine erstaunliche Leistung erbracht. Sicher fehlte es dem Faust an der nötigen Gestaltungskraft, besonders an der Kontrastgebung. Doch wurde sein Spiel von so großer innerer Begeisterung durchglüht, dass diese sofort auf die Zuschauer übergriff und sie mitriss. Besonders gut gelangen ihm natürlich die jugendlichen Szenen (Gartenszene). Die Rolle des Mephistos war bestimmt weit besser geeignet, von einem Schüler gespielt zu werden. Es wurde ein erstaunliches Temperament und eine wahrhaft teuflische Mimik entwickelt. Das Gretchen war in seiner rührenden Innerlichkeit und seiner

erschütternden Verzweiflung über jedes weitere Wort erhaben. ...
Die Aufführung des "Faust" konnte uns Schüler mitreißen und ist somit als Schüleraufführung in vollstem Masse gerechtfertigt. ... Deshalb sollten wir auch in unserer Schule eine Laienspielgruppe gründen und spielen! Die Hauptsache: Begeisterung und - unter uns!"

In einer Elternratsversammlung kam unser Direktor unter Druck, weil einige Eltern der Schule vorwarfen, den Schülern bei dem Faust-Projekt so viele Steine in den Weg gelegt zu haben. Wohl als Folge davon überraschte er uns alle mit einer sehr ausführlichen, schriftlichen, durch und durch positiven Kritik, die er uns in Anwesenheit von Nöllemann vorlas und mit der Bemerkung abschloss: "Ich begrüße Kollektivarbeit; nicht unter Oberaufsicht eines Lehrers".

Meine Eltern haben natürlich mitbekommen, dass ich mit der Faustaufführung zu tun hatte, schließlich fanden so manche Besprechungen und Textproben in unserem Haus statt. Und natürlich haben sie eine der beiden Aufführungen gesehen. Aber ihr Lob hielt sich in Grenzen. Sie meinten eher, ich würde mich verzetteln und zu wenig für das Abitur machen. Vielleicht dachten sie auch: Hoffentlich schnappt er jetzt nicht über. Der Vater eines Klassenkameraden schlägt mir vor, wir sollten uns wieder mit Nöllemann versöhnen. Am nächsten Tag schlage ich das der Klasse vor; schließlich läge der Faust hinter uns und das Abitur vor uns. Nach einigem Palaver stimmt die Klasse zu. Ich biete Nöllemann im Namen der Klasse Versöhnung an. Der ist irritiert, zögert; aber was kann er machen?

Ich hatte mehrere Zeitungen angeschrieben und ihnen Gratiseintrittskarten geschickt in der Hoffnung, dass sie einen Kritiker schicken würden. Die meisten haben wohl gedacht, dass es sich nicht lohnen würde. Aber René Drommert, ein sehr bekannter Theaterkritiker, der früher für die Hamburger Allgemeine Zeitung und später für DIE ZEIT schrieb, kam und veröffentlichte eine Kritik:

> Schüler spielen den „Faust"
>
> Eine kaum zu ersetzende Quelle des Kunstverständnisses ist die eigene Kunstübung, auch auf dem Gebiete des Theaters. In diesem Dilettantismus liegt, sofern er sich seiner Grenzen bewußt ist, kein Makel, sondern eine Auszeichnung. Als solch eine Manifestation der Kunstbegeisterung hinterließ die sehr sorgfältige „Faust"-Aufführung der Oberschule Armgartstraße (im Eppendorfer Gemeindesaal) schöne Eindrücke. Manche Töne ließen freilich auch auf den Beginn einer speziellen Schulung und die Tendenz zu beruflicher Übung schließen, so daß es kein ganz einheitliches Bild ergab. Doch sollte sich die Schule übrigens doch wohl keine so gigantische Aufgabe stellen und in dieser Hinsicht das Berufstheater nicht nachahmen wollen. Vielleicht einmal ein Stück eines jungen zeitgenössischen Schriftstellers? R. D.

Kritik der Faustaufführung von René Drommert

Dass er von einer *„sehr sorgfältigen Faust-Aufführung"*, einer *„Manifestation der Kunstbegeisterung"* und einer *„gigantischen Aufgabe"* schrieb, hat uns natürlich sehr gefreut. Dass es einen darstellerischen Unterschied zwischen Klaus und den Übrigen gab, ist ihm natürlich aufgefallen. Wir hatten das Glück, einen von der Schauspielerei so besessenen Mitschüler zu haben. Dass die *„gigantische Aufgabe"* nicht von der Schule geleistet wurde, sondern gegen sie, konnte Herr Drommert natürlich nicht wissen. Wir haben uns das Berufstheater schon als Vorbild genommen, haben uns aber niemals als

Konkurrenz gesehen. Renè Drommerts letzter Satz (*„Vielleicht einmal ein Stück eines jungen zeitgenössischen Schriftstellers?"*) zeigt, dass er sich nicht in unsere Welt einfühlen konnte. Das kommt mir heute so vor, als würde man einem Alchimisten, der gerade den „Stein der Weisen" gefunden hat, raten, doch auch einmal nach Granit- oder Basaltsteinen Ausschau zu halten. An die Inszenierung eines weiteren Stückes haben wir nie gedacht.

Nach dem Abitur haben wir den Faust noch viermal vor zahlendem Publikum und einmal in gekürzter Form vor Vertretern der Britischen Militärregierung gespielt. Den Überschuss der Einnahmen haben wir der Deutschen Hilfsgemeinschaft e.V. (DHG) überwiesen.

Noch ein Wort zu Nöllemann, unserem Klassenlehrer: Er war ein sehr guter Mathe-Lehrer, aber zugleich Narzisst. Als Gerd ihm mitteilte, dass die Klasse den Faust aufführen wollte, bot er nicht einfach seine Hilfe an, sondern wollte die Sache an sich reißen und sogleich andere Klassen mit einbeziehen. Er sah sich schon als Leiter eines neuen Fachbereichs „Theater" an unserer Schule. Leiter des Fachbereichs „Rudern" war er bereits. Als wir das nicht wollten, zog er sich beleidigt zurück und interessierte sich erst wieder dafür als er erfuhr, dass wir während der Sommerferien Fakten geschaffen hatten. Nun wollte er mit aller Macht verhindern, was ohne ihn zustande kam.

Auf der *Jungen Bühne* in Hamburg habe ich das Schauspiel *Torquato Tasso* von Goethe gesehen. Die Sprache war überhöht, aber nicht verschroben. Der schwärmerische, durch die Hofetikette eingeschränkte

Tasso, mit Leidenschaft gespielt von Will Quadflieg, dagegen der nüchterne Staatssekretär Antonio, der Tasso bespöttelt, mit Präzision und Disziplin gespielt von Franz Schafheitlin. Ein weiterer Schauspieler in einer Nebenrolle war dagegen gar nicht gut, ein weiterer für die Rolle zu alt und nicht feurig genug. Ich war ja inzwischen das Kritisieren schauspielerischer Leistungen gewohnt. Folgendes Zitat habe ich notiert:

Es bildet ein Talent sich in der Stille,
Sich ein Charakter in dem Strom der Welt.

Im Juni 1946 habe ich ein neues Manuskript geschrieben: „Vom Zellkern zum Gehirn", 7 ½ Schreibmaschinen-Seiten lang. Es beginnt mit Viren und Amöben und beschreibt die Entwicklung des Zentralnervensystems im Lauf von einer Milliarde Jahren über Hohltierchen, Würmer, Insekten, Wirbeltiere bis zum Menschen. Parallel zu der körperlichen Entwicklung fand eine „geistige" Entwicklung statt: Von einfachen Reaktionen auf äußere Reize über Instinkte, Erinnerungsvermögen, Gedächtnis, Denkvermögen, Verstand und Wille. Heute, mehr als 70 Jahre später, würde ich das Thema ähnlich behandeln. Ich habe das Manuskript damals unserem Biologielehrer zur Stellungnahme vorgelegt. Er hat keine inhaltlichen Korrekturen gemacht und mit roter Tinte eine 1 daruntergeschrieben. Das Manuskript geht über die Beschreibung der bisherigen Entwicklung hinaus. Das Leben geht ja weiter, und der Mensch wird weiter mutieren, muss dabei aber nicht wie bisher auf zufällige

Mutationen warten, sondern kann selbst in sein Erbgut eingreifen. „Genmanipulation" nennt man das heute. Ob man das macht, ist eine andere Frage. In meinem Manuskript habe ich nur die technischen Möglichkeiten skizziert. Natürlich wird man zuerst die Anfälligkeit gegen Krankheiten verringern und letztlich ausschalten, dann die Fortbewegung vollständig Maschinen überlassen (die Beine kann man dann wegmutieren), die Ernährung und Verdauung außerhalb des Körpers durchführen lassen und nur das Gehirn mit Blut versorgen, so dass alles unterhalb des Kopfes entbehrlich wird und deshalb auch nicht krank werden kann. Heute würde ich einen gedankengesteuerten Chip im Kopf hinzudenken, der über WLAN oder so mit dem Internet verbunden ist. Und der Kopf mit seinen Hilfsaggregaten würde von einem Flugaggregat getragen werden. Schöne neue Welt. Immerhin können wir uns ausmalen, wie Außerirdische aussehen könnten.

In der Schule gab es einen Vortrag von einem Universitätsprofessor über das Studium mit dem Resümee: Voraussetzung ist das Streben nach Erkenntnis, und Ziel ist es, einen Überblick über ein bestimmtes Wissensgebiet zu erlangen.
Im Jahr 1946 habe ich mir viele Gedanken über Religion gemacht. Ich war zwar aus der evangelischen Kirche ausgetreten, weil ich nicht mehr an die Jungfernzeugung, die Wunder und die Auferstehung von Jesus und schon gar nicht an Himmel und Hölle und die Auferstehung nach dem Tod glaubte. Aber ich glaubte

damals immer noch fest an Gott. Allerdings konnte ich ihn nicht definieren. Ist er ein Zusammenspiel von Geist und Materie? Ist er die Harmonie im Universum?
Weil es einen Gott gibt, können Religionen bestehen und dazu dienen, die Menschen zu beherrschen. Vielleicht gibt es gar keinen Gott. Aber das ist gleichgültig; denn alle glauben daran.
Die Natur ist darum „weise", weil alles „Nicht-weise" zu bestehen unfähig ist und wir somit nur von ihrer „Weisheit" Kunde erhalten. Mein Kommentar mehr als 70 Jahre später: Wer von der Weisheit der Natur spricht, ist ein evolutionsbiologischer Analphabet, denn Weisheit impliziert, dass die Natur einen bestimmten Zweck, einen Plan, einen Sinn hat, der durch Weisheit angestrebt oder erfüllt werden kann. Das ist aber nicht so. Die Natur ist einfach da und wandelt sich, ohne Zweck und Ziel.
Ich habe sogar (Ende 1946) ein Gedicht dazu geschrieben:

Natur

Der Augenblick schwindet mit hastender Eile
Und lässt uns die Zeit zurück.
Und diese verharret nicht eine Weile;
Das ist unser aller Glück.
Denn würde die Weltenuhr stille steh'n,
Müsst' alles Leben zu Grunde geh'n.
So fließt die Entwicklung durch Raum und Zeit;
Zeugt Leben, das wieder stirbt.
Sie fließet in die Unendlichkeit;

Wer weiß es, ob sie verdirbt?
Das Streben des Lebens ist sein Geschick:
Das Leben ist ewig, - der Tod – nur ein Blick!

Im selben Jahr (1946) hatte ich ein weiteres Manuskript erstellt: „Kosmos und Erdenschicksal", 33 Seiten lang, ergänzt durch eine erdgeschichtliche Tabelle und ein Quellenverzeichnis. Es handelt von den Kräften, die die Erde geformt haben und immer noch formen. Dabei liegt der Schwerpunkt der Betrachtungen auf den Kräften, die von außerhalb der Erde wirken, also auf den kosmischen Kräften. Dazu gehört die Gravitation, die, ausgehend vor allem vom Mond, aber auch von der Sonne, Ebbe und Flut erzeugt, sehr langfristig die Drehung der Erde um ihre eigene Achse verlangsamt und, neben anderen Kräften, für die Verschiebung der Kontinente verantwortlich ist und damit auch für Vulkantätigkeiten und Erdbeben. Eine weitere kosmische Kraft ist die Sonnenstrahlung, die für Klima und Wetter verantwortlich ist. Die Wirkung der Gestirne, insbesondere der Sternbilder, auf das Schicksal der Menschen ist wissenschaftlich nicht nachgewiesen. Das Manuskript geht noch auf Zeit und Kalender ein, auf Sonnenflecken, auf die Höhenstrahlung und andere Einflüsse des Kosmos. Vieles davon ist noch heute gültig.

Schon vor dem Abitur stand Dieters und mein Wunsch fest, Physik zu studieren. Nun, nach dem Abitur, bemühten wir uns um Studienplätze. Die waren rar, da Rückkehrer aus der Kriegsgefangenschaft bevorzugt berücksichtigt wurden. Wir besuchten deshalb die

Vorlesungen zur Physik und Mathematik, ohne immatrikuliert zu sein. Zum Glück ging das.

Nebenbei erstellte ich (im März 1947) ein weiteres Manuskript: „Dynamik des Lebens", 18 Seiten lang. Es handelte von den geologischen Schichten und den darin gefundenen, teils versteinerten, Pflanzen und Tieren. Je jünger die Schichten, desto komplexer sind die darin gefundenen Lebewesen, dessen komplexester Repräsentant der Mensch ist. Seine steinzeitliche Entwicklung wird genauer beschrieben. Weiterhin handelt das Manuskript von der Vermehrung der Lebewesen durch Zellteilung und durch geschlechtliche Vermehrung und von der von Ernst Haeckel aufgestellten „biogenetischen Grundregel", nach der die Ontogenese (die Entwicklung des einzelnen Lebewesens) die Phylogenese (die Stammesentwicklung) rekapituliert. Diese Regel wird belegt durch die Ähnlichkeit der verschiedenen Embryonalstadien mit frühesten Vorfahren (Einzeller, Mehrzeller, Fische, Amphibien usw.). Ferner handelt das Manuskript davon, dass alle Lebewesen vom ersten Lebewesen abstammen, dass die Keimzellen (die Träger der Erbinformation) also gewissermaßen so alt wie das erste Lebewesen und deshalb unsterblich sind, falls keine Katastrophe das gesamte Leben auf der Erde auslöscht. Mit anderen Worten: Das Leben ist nicht Teil des Menschen, sondern der Mensch ist Teil des Lebens. Ich habe damals angenommen, dass der Mensch das höchstentwickelte Lebewesen auf der Erde ist. Das betrachte ich heute als Anmaßung.

Im Juni 1947 folgte eine weitere, 7 ½ seitige Abhandlung mit dem Titel „Der Organismus des Menschen". Sie

handelt von allen Körperteilen und Funktionen, aufgeteilt in Deck- oder Epithelgewebe, Stütz- oder Bindegewebe, Bewegungs- oder Muskelgewebe und Reizleitungs- oder Nervengewebe. Der Schluss lautet:
„Wir lernten in groben Zügen den Bau und die Organe des menschlichen Körpers kennen. Dieser ist so reichhaltig ausgebildet, dass wir Ehrfurcht vor solchem Wunderwerk der Natur empfinden müssen. Aus einer kleinen Zelle entwickelt sich durch ständiges Wachsen der ausgewachsene Mensch. Die Energiemengen, die zum Aufbau neuer Zellen und damit zum Wachsen dienten, werden jetzt nur noch dazu benutzt, die unbrauchbar gewordenen Zellen zu ersetzen und den Energiehaushalt des Körpers auszugleichen. Als nächster, ebenso wichtiger, Vorgang folgt dann die Fortpflanzung. Aus einer einzigen Zelle entsteht wieder im Laufe der Jahre ein ausgebildeter Mensch; der Ring hat sich geschlossen."
Die beiden letzten Manuskripte habe ich aus freien Stücken geschrieben, nur um meine Kenntnisse zu festigen. Das Abitur lag ja hinter mir.

Aus meinem „Privatleben" erwähne ich hier nur, dass ich mit Freundinnen unzählige Konzerte und Theateraufführungen erlebt und oft das Planetarium in Hamburg besucht habe, dass ich mit Dieter und Gerd eine Alpentour mit Besteigung des Watzmann und anderer Berge von Berchtesgaden über Garmisch-Partenkirchen bis ins Allgäu durchgeführt habe, dass ich oft und gern getanzt habe und Mitglied des Hamburger Segelclubs war, in dem ich meine Frau kennengelernt habe.
Aus meinem „Gedanken-Tagebuch" von 1947 zitiere ich:

Der Weg.
Der Weg zur Oase führt durch die Wüste; aber jedes Sandkorn ist Gottes.
„Vor den Erfolg haben die Götter den Schweiß gesetzt".
Ja – Aber nicht allein das Ziel ist Gold, sondern auch der Weg dahin; nur wird er zuweilen von Schatten verdunkelt, sodass wir den Glanz nicht sehen.

Über den Tod.
Gut, dass es einen Tod gibt; denn gäbe es keinen, würde jeder Mensch sein Nichtstun damit entschuldigen, dass er ja noch genug Zeit habe. Jeder Mensch weiß von seinem Tod; so versucht er, seinem Leben einen tieferen Sinn zu geben und etwas zu schaffen. Der Tod wirkt schöpferisch und lebenserneuernd. Er erlöst unheilbar Kranke und sichert die Lebenswerdung. Der Tod eint die Menschen in der Gefahr; er versöhnt sie, weil er sie einander gleich macht. Aber er erhebt das Überzeitliche der Menschen heraus.

Der Tod.
Der Tod zieht vernichtend, zerstörend durchs Land,
tilgt Sippen und Völker; rot färbt sich der Sand.
Hier packt er ein Mädchen, dort fasst er den Greis
mit Seuchen und Morden, durch Hunger und Eis.
Doch siehe, dort leidet ein Mensch schwere Not;
unheilbare Krankheit löst einzig der Tod.
Der Dauer des Lebens ist Grenze gesetzt.
Das weiß der Mensch, und er will bis zuletzt
sein Leben erfüllen durch zeugende Tat.
O, Heil sei dem Tod, der gibt solche Saat.
Und macht er der Menschen Sterbliches gleich,
ihr Ruhm dringt durch ihn bis ins himmlische Reich.

Im Januar 1948 ging ich wieder zum Schwarzhören von Vorlesungen über Physik und Mathematik an die Uni und nahm auch an den populärwissenschaftlichen Vorlesungen von Pascual Jordan teil, die unter großer Beteiligung im Auditorium Maximum am Dammtor abgehalten wurden. Jordan war wohl der berühmteste unter den Universitätsprofessoren in Hamburg. Er war theoretischer Physiker und hatte der von Heisenberg begründeten Quantenmechanik ein mathematisches Gerüst verpasst und war deshalb von Einstein für den Nobelpreis vorgeschlagen worden. Er beschäftigte sich auch mit Biologie und stellte die These auf, dass quantenmechanische (also auch zufällige) Vorgänge in Gehirnzellen Wirkungen im menschlichen Körper auslösen könnten, wodurch der „freie Wille" in einem neuen Licht erscheinen würde. Dieter erzählte mir damals, dass manche Physiker Jordans „Wildern" in der Biologie mit Häme quittierten: „Die Physiker halten ihn für einen großen Biologen und die Biologen halten ihn für einen großen Physiker". In einer seiner populären Vorlesungen sprach er über das Atom, das seinen griechischen Namen von der „Unteilbarkeit" (a-tomos) bekommen habe, das aber tatsächlich aus Teilen bestehe: aus Elektronen, die um einen Kern kreisen, der wiederum aus Teilen bestehe, nämlich aus Protonen und Neutronen. Er zitierte dann einen Physikerkollegen, der einen entsprechenden Vortrag gehalten hatte, zu dem nach dessen Vorlesung ein Altphilologe gekommen sei und gesagt hätte, dass es nicht stimmen könne, dass das

Atom aus Teilen bestünde, sein Name weise doch gerade auf die Unteilbarkeit hin. Darauf soll der Physikerkollege geantwortet haben: „Nennen wir das Atom doch einfach Tom (mit einem gedehnten o)". Jordan meinte, diese Anekdote erhelle den Unterschied zwischen den Denkweisen von Naturwissenschaftlern und anderen. Dann schrieb er eine Zahl mit Kreide an die Wandtafel: 10^5, also 10 hoch 5 (eine 1 mit 5 Nullen, also 100 000). Wir wussten nicht, was das bedeuten sollte. Jordan fuhr fort, dass es sehr lange gedauert hätte, bis sich die Vorstellung durchgesetzt hätte, dass alles, was wir anfassen können, aus Atomen besteht und dass es noch heute Menschen gäbe, die das bezweifelten. Aber ohne diese Vorstellung hätten schließlich Otto Hahn und Liese Meitner nicht die Atomspaltung entdeckt, die zur Atombombe führte und damit zu 100 000 Toten in Hiroshima. Ein ziemlich makabrer „Beweis" für die Existenz von Atomen.

Am 1. Mai 1948 werde ich endlich offiziell zum Studium zugelassen. Ich freue mich riesig.

ΓNOTI ΣYTON (GNOTI SAUTÓN)! Das ist griechisch und heißt „erkenne dich selbst". Dieser Schriftzug steht am Apollotempel von Delphi. Ich wollte diesen Spruch beherzigen und notierte folgendes: „Warum schreibe ich über mich selbst? Vielleicht, weil mir die Psychologie und insbesondere die Charakterkunde als wesentlicher Teil des menschlichen Lebens erscheint; oder weil ich mich zwinge, durch die schriftliche Niederlegung meiner Gedanken über mich selbst diese zu präzisieren; oder vielleicht deswegen, weil ich nach einigen Jahren feststellen möchte, wie ich mich und wie sich meine

Anschauungen geändert haben? Es treffen wohl alle Gründe zu. Ich schreibe aber eigentlich weniger aus irgendeiner Berechnung als aus innerem Bedürfnis und nicht, damit es jemand anders als ich lesen soll. Mein erster Wahlspruch ist: Faber es suae quiquae fortunae (Jeder ist seines Glückes Schmied). Wenn ich mein Leben nicht selbst gestalten kann, vorausschauend, berechnend, kalkulierend, bin ich nicht mit meiner ganzen Person bei der Sache. Wahlspruch als solcher ist er aber nur insofern, als ich an den Wert des eigenen Wollens glaube, an die Willensfreiheit, an die Möglichkeit einer eigenen Schicksalsgestaltung. Eine Voraussetzung für diese Lebensgestaltung ist meine Veranlagung, die ich mir natürlich nicht wählen konnte.

Die vordringlichste und wichtigste Aufgabe meiner Lebensgestaltung ist, so glaube ich, meine Selbsterziehung. Dafür, wie ein Mensch geboren ist, kann er nichts. Aber er kann seine guten Anlagen bilden und seine schlechten überwinden oder wenigstens unterdrücken. Sagt mir einer: „So wie ich bin hat mich Gott geschaffen; ich will mich nicht vermessen, das Werk Gottes zu korrigieren, und wenn Du mich so nicht leiden magst, kann ich es auch nicht ändern!" Dann riefe ich ihm zu: „Doch kannst Du es ändern. Ja, Gott hat Dich geschaffen, er hat alles geschaffen; Gott ist in jedem Ding, also auch in Dir. Gott ist in Dir und will schaffen; und da er dem Guten in der Welt zum Siege verhelfen will, so will er auch in Dir das Gute schaffen. Vermesse Dich also nicht, dem Willen Gottes entgegenzutreten, der, da Gott ein Teil Deiner selbst ist, ja nur Dein Bestes wollen kann. Arbeite an Dir! Hilf Dir selbst, dann hilft Dir Gott!

Am 17. Juli 1948 sprach Pascual Jordan über „Herkunft der Sterne, Gedanken über die Weltentstehung". Ich hörte zum ersten Mal vom „Urknall", durch den unser gesamtes Universum vor 9 – 18 Millionen Jahren entstan-den sein soll. Jordan spekulierte, dass das Universum aus einem Neutronenpaar entstanden sein könnte. Heute (2019) wissen wir, dass das nicht stimmt. Dafür weiß man inzwischen genauer, wann der Urknall stattfand, nämlich vor 13,73 Milliarden Jahren.

Und nun wieder einige Zitate aus meinem Gedanken-Tagebuch aus dem Jahr 1948:

Aufgaben, die in **Zukunft** gelöst werden sollten und an denen ich womöglich mitwirken könnte:

1. Viele Afrikaner hungern. Man sollte einen Teil des Wassers des Kongo mit Rohren in die Sahel-Zone leiten und das Land kultivieren.
2. Schaffung einer Weltsprache.
3. Sammlung ethischer Vorschriften aus aller Welt; Ordnung, Sichtung, Buch mit Regeln und erläuternden Geschichten.
4. Ökonomie; neue soziale Ordnung. Ausgleich zwischen Kapitalismus und Kommunismus.
5. Religion; Scheinprobleme, Formulierung. Religiöses Bedürfnis, Offenbarung.
6. Beweis für die Zeitabhängigkeit der Gravitationskonstante

7. Künstliches Leben aus Eiweißstoffen.
8. Elektrische Vorgänge im Gehirn.
9. Weltversicherung gegen Katastrophen.

Mut ist eine Tugend, die man nicht heucheln kann.

Die Aufgabe des Staates ist die Schaffung von Möglichkeiten für eine Kulturentwicklung.

Des Menschen Wille ist Gottes Gebot.
(Mein Kommentar vom 30. April 2016: Das hieße, es gäbe keinen freien Willen).

Die Erkenntnis eigener Schwächen ist eine Stärke. (Ende des Tagebuchs)

Im April 1949 habe ich ein Reich der Möglichkeiten definiert, aus dem alles, was wirklich werden kann, (gewissermaßen im Verborgenen) enthalten ist. In der Welt wird dauernd etwas wirklich, weil es möglich war: Ein Blatt wächst, weil es möglich war. Stattdessen hätte es auch von einer Giraffe gefressen werden können, weil auch das möglich gewesen wäre. Das ist noch nichts Neues. Ich greife nun den schon weiter oben erwähnten Gedanken von Pascual Jordan auf, der besagt, dass im Gehirn quantenphysikalische Vorgänge auftreten können, die ihrer Natur nach spontan sind, also keine Ursache haben, „a-kausal" sind. Diese Vorgänge, so Jordan, können Nervenzellen im Gehirn anregen, derart, dass sich ein Gedanke bildet, der (möglicherweise) zu

Handlungen führt.

„A-kausale" Vorgänge können also die Ursache von Wirklichkeitsänderungen sein. Mit anderen Worten: Hier findet ein besonderer Übergang aus dem Reich der Möglichkeiten in die Wirklichkeit statt. Und ist das Reich der Möglichkeiten vielleicht so etwas wie Gott?

Am 8. Mai 1949 wurde das vom Parlamentarischen Rat ausgearbeitete und von den drei Besatzungsmächten genehmigte Grundgesetz der Bundesrepublik Deutschland veröffentlicht. In Artikel 1 heißt es: „Die Würde des Menschen ist unantastbar". Das ist eine wunderbare, fast heilig anmutende Aussage, andererseits nur schwer einklagbar, insbesondere wenn die Würde des einen mit derjenigen eines anderen kollidiert. Artikel 3, Absatz 2, lautet „Männer und Frauen sind gleich-berechtigt", einfach und klar. Dabei haben sich die CDU-Vertreter im Parlamentarischen Rat lange gegen diesen Satz gewehrt.

Nun erzähle ich eine persönliche Geschichte. Am 30. Mai 1948 wurde ich von Ferdinand Kemme, einem Freund aus dem Hamburger Segelclub, zu seinem Geburtstag eingeladen. Es wurde viel über Musik geredet. Entscheidend war aber, dass eine Ingeborg Schmidt auch da war. Da sie auch im Segelclub war, wo ich sie allerdings nur flüchtig gesehen hatte, duzte ich sie. Darüber mokierte sie sich. Sie hielt mich, wie sie mir später sagte, für einen arroganten Schnösel. Trotzdem kamen wir ins Gespräch. Ich erfuhr, dass sie im Krieg zur

Kinderlandverschickung am Chiemsee stationiert war, dass sie eines Tages mit ein paar Klassenkameradinnen auf einer Brücke stand, unter der ein Zug mit Soldaten fuhr, dass einige Soldaten Zettel aus dem Zug warfen, die die Mädchen dann aufsammelten. Auf den Zetteln stand ein Name und eine Feldpostnummer. Ingeborg ergatterte einen mit dem Namen Hans Kemme, und es entspann sich eine lebhafte Korrespondenz zwischen beiden, die damit endete, dass sich beide nach dem Krieg treffen wollten. Als der Krieg zu Ende war, ging sie in den Hamburger Segelclub, wollte aber nicht gleich nach Hans fragen, sondern erst mal Mitglied werden. „Da brauchen Sie zwei Bürgen", hieß es. Da fiel ihr nur ein: „Hans Kemme". „Oh, da brauchen Sie keinen zweiten Bürgen. Ich trage Sie sofort ein." Was Ingeborg nicht wusste, war, dass der Onkel ihres Brieffreundes auch Hans Kemme hieß und Finanzvorstand des Clubs war und nun, ohne davon zu wissen, als Bürge diente. Irgendwann fragte sie ein jugendliches Clubmitglied nach Hans und wurde an die Brüder Claus und Ferdinand verwiesen. Sie machte sich an Ferdinand heran und erfuhr, dass Hans noch vermisst wurde, irgendwo im Osten, hieß es. Es entstand eine lose Freundschaft zwischen Ingeborg und Ferdinand, die sich insbesondere auf Musik bezog. Ingeborg hatte einen Freund und Ferdinand eine Freundin. Ich sagte, dass ich vor unserer Ausbombung mit Hans gespielt hätte, mit der elektrischen Eisenbahn zum Beispiel. Das interessierte sie natürlich, und sie wollte mehr wissen. Ich sagte, dass ich Hans als schüchtern und zurückhaltend kennengelernt hatte, dass seine Eltern, die mit meinen sehr gut befreundet waren, mich baten, mit ihm zu spielen, da er sich bisher keinem Freund angeschlossen hätte und weil wir doch im gleichen Alter wären, und dass ich dann einige Male bei ihm und bei uns mit ihm gespielt hätte, was aber durch die Ausbombung beendet wurde. Es war schon ein eigenartiger Zufall, dass Ingeborg und ich den gleichen liebenswerten Menschen kannten. Allerdings entspann sich daraus zunächst nichts Weiteres. Wir waren beide gebunden. Bald darauf erfuhren Kemmes, dass ihr Sohn Hans mit der Wilhelm Gustloff, einem „Kraft-durch-Freude-Schiff", das zum Truppentransport verwendet wurde, in der Ostsee untergegangen war. Der Torpedo eines russischen U-Bootes hatte das Schiff versenkt.

Ich habe diese Geschichte erzählt, weil später, als ich mit Ingeborg verheiratet war, von manchen Leuten behauptet wurde, unser Kennenlernen müsste eine göttliche Fügung gewesen sein. Ich sah es aber als glücklichen Zufall an. Sie hätte ja auch einen anderen Zettel ergattern können, und wir wären uns nie begegnet.

Meinem Gedanken-Tagebuch von 1949 entnehme ich:
Ich halte die Entstehung des ersten Lebewesens für bedeutsamer als seine Entwicklung bis zum Menschen.
Mit der Weltentstehung entstand neben Raum, Zeit, und Energie auch die Kausalität.
In der Natur, ohne den Menschen, verliert die Frage nach Gut und Böse ihren Sinn. Es gibt nur Zustandsänderungen. Es liegt außerhalb von Gut und Böse, wenn

ein Neutron in ein Proton und ein Elektron zerfällt.

Das Reich der Möglichkeiten birgt auch die Möglichkeit der Erschaffung unserer Welt. Und diese Welt ist so beschaffen, dass sie aus sich ein Gebilde schaffen kann, das fähig ist, sich ein Reich der Möglichkeiten vorzustellen, nämlich den Menschen.

Ich möchte nicht eine neue metaphysische Weltanschauung schaffen, sondern auf Grund beobachtbarer Tatsachen und mit Hilfe reiner Vernunft das Verhalten des Seins exakt beschreiben, wo man aber, vielleicht noch, auf Vermutungen angewiesen ist, dem Glauben Raum gegeben.

Kant machte zwar dem Glauben Platz, indem er Scheinwissen forträumte. Aber manches nur Vermutete ist heute zur beobachtbaren Tatsache geworden und hat somit die Grundlage des Glaubens beseitigt.

Ende der Zitate aus dem Tagebuch.

Lösung von Gott

Wochen später schrieb ich weitere Gedanken nieder:
Auf der Suche nach Gott hatte ich über die Entstehung der Welt und des Lebens, über das Nichts und die Harmonie nachgedacht und habe schließlich, in dem Bemühen, eine Definition für Gott zu finden, das Reich der Möglichkeiten mit Gott gleichgesetzt. Aber das Reich der Möglichkeiten existierte als Gedanke, ob man es nun Gott nannte oder nicht. Warum also zwei Namen für dieselbe Idee? Es war überflüssig, das Reich der Möglichkeiten Gott zu nennen. Weil die Menschen an Gott glauben, muss er nicht notwendig existieren. Ich hatte einem weitverbreiteten Glauben gehuldigt, nur weil er zu einer Denktradition geworden war, durch jahrtausendlange Vorstellungen in die Seele der Menschen versenkt.

Ein Schöpfergott wird nicht mehr gebraucht. Das Universum entstand im Urknall; und weil erst mit ihm auch die Kausalität entstand, ist die Frage nach dem Ursprung des Urknalls ein Scheinproblem. Die Entstehung des ersten Lebewesens ist zwar noch nicht endgültig erforscht; aber die Entwicklung aus der Urzelle wird durch die Evolutionslehre beschrieben. Goethe hat seinen Satz „Mit dem Wissen wächst der Zweifel" vielleicht so gemeint, dass Zweifeln am Wissen legitim ist. Ich interpretiere den Satz so: Je mehr ich von der Welt weiß, desto mehr darf ich daran zweifeln, dass Gott für ihr Verständnis erforderlich ist.

Im September 1949 (mit 21 Jahren) habe ich mich also von Gott gelöst, bin Atheist geworden. Ich habe damals gelegentlich im Radio „Das Wort zum Sonntag" gehört. Und nun störte es mich, dass nicht auch einmal ein nichtreligiöser Mensch zu Worte kommt. Ich habe deshalb 1949 ein „Wort eines Atheisten zum Sonntag" geschrieben:

Guten Abend, meine Damen und Herren.
Ich bin Atheist. Ich glaube nicht an Gott. Ich denke, dass Jesus ein genialer Religionsstifter war; aber ich glaube nicht, dass er Gottes Sohn ist.
Als Jesus lebte, waren mehr als tausend Jahre vergangen seit Moses den Juden die zehn Gebote verkündet hatte. Jesus verwarf die zehn Gebote nicht, aber er sah, dass der jüdische Glaube nur noch bewahrt wurde, dass er seine mitreißende Kraft verloren hatte. Er warf deshalb neue Gedanken in die Welt, als wichtigsten die Idee der Liebe.
Wir sind heute in einer ähnlichen Situation wie Jesus vor nun fast zweitausend Jahren. Das Christentum wird zwar noch gepredigt, aber es kommt nicht mehr an. Dabei bedürfen wir heute mehr denn je einer geistigen Erneuerung. Viele Probleme brennen uns auf den Nägeln, die von den Politikern allein nicht gelöst werden können: Der Weltfriede, das Verhältnis der reichen zu den armen Ländern, die Überbevölkerung, die Manipulation des Menschen und seiner Erbmasse, das Verhältnis des Menschen zu intelligenten Computern. - Alles Dinge, von denen Jesus, Buddha, Lao-Tse und

Mohammed nichts wussten.

Wir brauchen eine neue Leitidee. Sie muss einfach sein, eine einprägsame Formel, akzeptierbar von den Menschen der ganzen Welt, nüchtern, unserer Zeit entsprechend, und doch eine lange Zeit brauchbar, eine Richtschnur für die Zukunft.

Ich habe darüber nachgedacht. Die Leitidee muss lauten: Lebe bewusst, und hilf den anderen! Was heißt das? Bewusst leben heißt zunächst leben, die Bedingungen für das eigene Leben schaffen. Bewusst leben heißt aber besonders, nicht in den Tag hineinleben, nicht einfach vegetieren, sondern sich selbst kennen lernen, sich über den eigenen Zustand, seine Erlebnisse und sein Verhalten klar werden. Bewusst leben heißt, die anderen und die Umwelt vielfach erfahren, heißt nachdenken über sich selbst und die Welt, heißt sich bilden, heißt, sich mit der Zukunft vertraut machen. Bewusst leben heißt sich Ziele setzen.

Den anderen helfen heißt ihren Körper achten, ihnen kein Leid zufügen, sie nicht töten, sie nicht Mangel leiden lassen, heißt ihr Leid vermindern. Den anderen helfen heißt ihre Freiheit achten, sie nicht nötigen, sie nicht irreführen, heißt sie glücklich machen. Also: Lebe bewusst und hilf den anderen!

Mit dieser Leitidee ausgerüstet müssen wir nun Ziele setzen. Dazu gehört vor allem eine Weltregierung. Unsere Welt ist durch den ständigen Austausch von Nachrichten eine Einheit des Erlebens geworden. Um Kriege zu vermeiden, muss sie eine politische Einheit werden.- Gegen die Überbevölkerung müssen wir

Antikonzep-tionsmittel entwickeln, die mindestens ein Jahr wirken, und ihre Verabreichung durch hohe Prämien fördern. - Die reichen Länder müssen mindestens 20% ihrer Staatsausgaben in die armen Länder fließen lassen, aber gezielt, für sinnvoll koordinierte Förderungsmaßnahmen. - Der Mensch mag versuchen, seine Erbmasse zu verbessern, aber unter ganz bestimmten Bedingungen. - Der Mensch mag Computer bauen, die intelligenter sind als er; aber der Mensch muss es bleiben, der die Ziele setzt. Wir müssen die Zukunft planen. Wir brauchen eine unabhängige Institution, finanziert am besten durch eine Stiftung, in der berufene Fachleute aus aller Welt Modelle der Zukunft entwerfen und den Politikern Wege zu ihrer Verwirklichung weisen. So könnten wir die Zukunft meistern. Wir müssen es nur ernsthaft wollen. Auch Sie, meine Damen und Herren!

Die Zeit war natürlich noch nicht reif für eine Veröffentlichung. Ich habe es deshalb nicht einmal versucht.
Meine Suche nach Gott war beendet. Ein nicht erahntes Gefühl der Freiheit breitete sich in mir aus. Ich war jahrelang einem Phantom nachgejagt. Das war vorbei. Immer wenn ich von da ab Gott begegnete, in Büchern, in Gesprächen, in Kirchen, fiel mir ein: Den gibt es ja gar nicht. Immer wenn ein Gesprächspartner seine Ansichten mit Bezug auf Gott begründete, fragte ich ihn, ob er seine Ansicht oder Behauptung auch rational begründen könne, ohne Bezug auf Gott. Ich war natürlich behutsam; denn mein Umfeld war durchweg religiös

geprägt. Und, wie Goethe sagte: "Der größte Feind einer neuen Wahrheit ist ein alter Irrtum".

Das Reich der Möglichkeiten habe ich nicht verworfen. Ich habe sogar versucht, eine bildliche Darstellung dafür zu finden, indem ich eine große Holzfaserplatte grundierte und lila anmalte, nicht völlig gleichmäßig, sondern leicht wolkig. Diese Fläche sollte einen kleinen Ausschnitt aus dem riesigen Reich der Ideen, Aussagen und Fragen darstellen, auch „unvernünftigen", um nicht zu sagen blödsinnigen, wie z.b. die Frage nach dem Durstgefühl eines fallenden Steines, oder was ist nördlich vom Nordpol, oder was ist stiller als die Stille? Auf dem lila Grund befinden sich gelbe Kleckse, die das Reich der Möglichkeiten darstellen, also Ideen, die verwirklichbar sind. Von den Klecksen gehen dünne gelbe Linien aus, jede für eine verwirklichbare Idee. Sie verfärben sich ins Rote, sobald die Idee in einem menschlichen Gehirn zum Willen ihrer Verwirklichung wird. Dann habe ich ein 5 Millimeter starkes Loch am Ende einer roten Linie in das Brett gebohrt, einen Messingstift hineingesteckt, sodass er 3 Zentimeter herausragte, und ihn ebenfalls rot angemalt. Er, in eine neue Dimension ragend, stellte die Verwirklichung der Idee dar.

Ich habe versucht, die Entwicklung meines Charakters und meiner Denkweise zu beschreiben, um Anhaltspunkte dafür zu geben, wie ich zu meinen gottlosen Ansichten gelangt bin. Ich werde deshalb später nur die wichtigsten Ereignisse meines Lebens erwähnen. Nach meiner Konvertierung zum Atheismus habe ich mein Nachdenken über die Religion nicht eingestellt. Im Gegenteil. Ich wollte wissen, warum so viele Menschen an Gott glauben und ob man etwas dagegen tun könnte, weil es ohne Religion womöglich weniger Hass auf der Welt geben würde.

Wie kamen die Menschen auf Gott?

Die Paläoanthropologen und Genetiker haben herausgefunden, dass sich vor etwa 7 Millionen Jahren in Afrika aus unseren schimpansen- oder bonoboähnlichen Vorfahren eine neue Art abgespalten hat, aus der über Zwischenstufen (z.B. *australopithecus afarensis* und *homo erectus*) vor etwa 300 000 Jahren der „Moderne Mensch", der *homo sapiens*, hervorgegangen ist. Und zwar ebenfalls in Afrika. Vor 125.000 Jahren wuchs die Menschheit auf etwa eine Million Köpfe an. Vor etwa 75.000 Jahren brach auf der indonesischen Insel Sumatra der Supervulkan Toba aus, dessen Staubwolken den Himmel im Bereich des Äquators verdunkelten und die Temperatur auf Jahre hinaus absinken ließen. Nur etwa 10.000 Menschen (also nur einer von hundert!) überlebten diesen Kälteeinbruch. Kleine Gruppen dieser Menschen wanderten vor etwa 60 000 Jahren aus Afrika aus und eroberten die ganze Welt, indem sie die Nachkommen des früher ausgewanderten *homo erectus*, z.B. den Neandertaler, verdrängten.

Wann unsere Vorfahren religiöse Vorstellungen entwickelten, ist unsicher. Die Archäologen fanden geschnitzte und aus Stein gehauene Figuren, die sie als Fruchtbarkeitssymbole deuteten, Gräber mit Grabbeilagen, aus denen die Archäologen Vorstellungen über das Leben nach dem Tod ableiteten, und sie fanden mehrere 100 Höhlen in Altamira, Lascaux, Chauvet usw. mit faszinierenden Höhlenmalereien, von denen die ältesten mehr als 30 000 Jahre alt sind. Die Malereien wurden mit Jagdzauber und anderen magischen Handlungen in Verbindung gebracht. Die ältesten Höhlenmalereien der Aborigines in Australien sind mindestens 20.000 Jahre alt. Die Aborigines waren immer Jäger und Sammler. Noch heute malen sie Höhlen mit den religiösen Symbolen ihrer Traumwelt aus. Auch die Vorfahren des homo sapiens waren seit Millionen Jahren Jäger und Sammler. Es war eine magische Zeit, mit Schamanen und Medizinmännern als Vermittler zur Welt der Ahnen, Geister und Dämonen.

Vor etwa 10.000 Jahren, in der Jungsteinzeit, dem Neolithikum, entstand etwas Neues: Ackerbau und Viehzucht, die wohl wichtigste Erfindung der Menschheit (das Feuer wurde ja bereits vom homo erectus genutzt): Nun konnte die gleiche Landfläche sehr viel mehr Menschen ernähren. Menschen wurden sesshaft, bildeten, statt herumziehender Horden, Dorfgemeinschaften. Schafe, Ziegen, Rinder, Schweine usw. wurden domestiziert; die Arbeitsteilung nahm rapide zu; man bewässerte das Land, legte Vorräte an, musste auf lange Sicht planen, sich organisieren und konnte sich besser gegen äußere Angreifer wehren. Es gab die ersten Kriege, eine Verwaltung, Gesetze für das inzwischen komplizierter gewordene Leben, man wohnte in Städten, baute Festungen und Tempel. Soziale Schichten bildeten sich, und der Mensch begann, die Erde zu verändern, die sich bis dahin immer von selbst regeneriert hatte.

Zeugnisse dieser neuen Kultur gibt es vor allem im fruchtbaren Halbmond, dem Einzugsgebiet von Nil, Euphrat und Tigris, aber auch in Südchina und

Mittelamerika. An Euphrat und Tigris lebten vor mehr als 5.000 Jahren die Sumerer. Etwa 3.200 Jahre v. Chr. erfanden sie die Schrift, die vielleicht zweitwichtigste Erfindung der Menschheit. Zunächst diente die Keilschrift wohl nur buchhalterischen Zwecken, z.b. der Inventa-risierung von Vorräten, und der Niederschrift von Gesetzestexten. Später wurden Taten von Heerführern und Königen festgehalten. z.b. im Gilgamesch-Epos, von dem Fragmente in sumerischer Keilschrift erhalten sind. Es entspricht inhaltlich der wesentlich später in der Bibel aufgezeichneten Erzählung von Noah und der Sintflut.

Den schriftlichen Zeugnissen verdanken wir Einsichten in die religiösen Vorstellungen der Menschen. Aus Geistern und Dämonen der magischen Zeit wurden Götter; aus Schamanen wurden Priester.

Das Schreiben disziplinierte das Denken. Die neuen Hochkulturen verlangten mehr Vorausdenken als bei den Jägern und Sammlern: Für die künstliche Bewässerung, die Zuteilung von Wasserrechten, die Konstruktion von Tempeln, Festungen, Streitwagen usw. Das Denken befasste sich auch mit dem Gesetz von Ursache und Wirkung. Unsere Vorfahren sahen Götter als Urheber für Krankheit, Blitz und Donner, Erdbeben, Überschwemmungen und Missernten an.

Um das Jahr 1340 vor Chr. erhob der ägyptische Pharao Amenophis IV. den Sonnengott Aton zum höchsten Gott, neben dem alle anderen verblassen sollten, und nannte sich selbst Echnaton („der dem Aton gefällt"): Die Idee des einen Gottes war geboren. Durchgesetzt hat sich die

Idee des Monotheismus erst sehr viel später. Östlich des Mittelmeers lebte das Volk Israel. Es hatte einen eigenen Stammesgott, verehrte aber auch andere Götter. Während des Babylonischen Exils (ab etwa 600 v. Chr.) entwickelten israelitische Priester die Idee, dass ihr oberster Gott Jahwe der einzige, allmächtige und allwissende Gott sei. Ein Gott für alles ist beeindruckender als jeder Spezialgott.

Für den Erfolg einer Religion maßgeblich sind ihre Priester. Ein Priester für einen Gott ist bedeutender als ein Priester für einen Spezialgott. Und je bedeutender der Priester, desto erfolgreicher die Religion. Der Monotheismus ist also ein Erfolgsrezept. Das geschah 700 Jahre nach Echnaton. Man kann vermuten, dass sich die Priester von der Idee Echnatons haben inspirieren lassen. Die Idee eines einzigen und allmächtigen Gottes war genial. Ihre Faszination und Wirkung ist nachvollziehbar.

Das bisher Gesagte macht deutlich, dass Geister, Dämonen, Götter und Gott von Menschen erdacht wurden. Sie existieren in den Köpfen. Auch die Vorstellung, dass die Götter den Menschen erschaffen haben, wurde von Menschen erdacht. Das hat Pascal Boyer in seinem Buch [2] „Und Mensch schuf Gott" überzeugend dargelegt. Schon der Philosoph Ludwig Feuerbach (1804 – 1872) schrieb: „Der Mensch schuf Gott nach seinem Bilde." In einem ZEIT- Interview [DIE ZEIT Nr. 44 vom 23. Oktober 2008] fragte Ulrich Schnabel den Hirnforscher Wolf Singer nach dem Widerspruch zwischen religiösen Glaubensüber-

zeugungen und wissenschaftlichem Denken. Professor Singer antwortete:
„Wir haben unsere Religionssysteme alle erfunden. Dafür sprechen schon die kulturspezifischen Ausprägungen. Wir sind aufgrund des Soseins unseres Gehirns darauf festgelegt, Ursachen für Phänomene zu suchen. Und da es viele Wirkungen in der Welt gibt, deren Ursachen wir nicht ergründen können, liegt es nahe, sie einem höheren Wesen zuzuschreiben. Das erlaubt eine weitere hochwirksame Projektion: Denn nun kann man Verhaltensweisen, die sich in der Erfahrung als sinnvoll herausgestellt haben (nicht zu töten, lügen, stehlen) als Verordnung dieser höheren Instanz deklarieren." Wolf Singer ist nicht nur einer der bekanntesten Hirnforscher Deutschlands, sondern auch Mitglied der päpstlichen Akademie der Wissenschaften.
Die Heiligen Bücher wurden von Menschen geschrieben. Die Inhalte der hebräischen Bibel wurden über Jahrhunderte mündlich überliefert und dann aufgeschrieben. Das Neue Testament besteht aus einer Sammlung von Texten, die Jahrzehnte nach Jesus' Tod von verschiedenen Menschen niedergeschrieben wurden. Jesus wie Moses schrieben keine Bücher. Und was im Neuen Testament steht, konnte Jesus nicht mehr korrigieren. Auch der Koran ist keine einheitliche Schrift. Er bestätigt das Alte Testament der Juden und das Neue Testament der Christen. Der Koran ist eine Offenbarung Allahs, die der Prophet Mohammed vom Erzengel Gabriel empfangen haben soll. Offenbarungen sind sehr starke persönliche Erlebnisse. Beim Koran kann man

immerhin davon ausgehen, dass er von Mohammed, der selbst nicht schreiben konnte, autorisiert wurde.

Als die Religionsstifter ihre Heiligen Bücher schrieben, waren sie womöglich weise und wussten viel über zwischenmenschliche Beziehungen, aber von der Welt wussten sie weniger als ein Schulkind heute, und, verglichen mit dem heutigen Weltwissen der Menschheit waren sie sehr unwissend. Das ist kein Vorwurf. Schließlich lernen wir von Generation zu Generation dazu. Wer aber heute behauptet, dass die Heiligen Texte von einem allwissenden Gott inspiriert oder offenbart wurden, der beleidigt diesen Gott.

Alle drei monotheistischen Religionen sind Stufen einer Entwicklung: Das Alte Testament der Juden ist einer der Pfeiler des Christentums; und der Islam sieht sich als Vollender beider Vorgänger: Moses und Jesus gelten als Propheten des Islam.

Fazit: Gott wurde von Menschen erschaffen. Er kann also, theoretisch, von Menschen wieder abgeschafft werden. Oder ist er etwa, einmal in die Köpfe der Menschen gesetzt, irreversibel, so wie es leichter ist, Salz und Zucker zu mischen, als die Bestandteile wieder zu trennen?

Wenn wir Gott abschaffen, kann auch kein Unheil mehr in seinem Namen geschehen.

Moral

Der häufigste Einwand gegen den Atheismus ist, dass er keine Moral habe. Nach einer Gallup-Umfrage [3] vom Februar 2007 in den USA, wäre eine Mehrheit der Wahlberechtigten bereit, einen ansonsten gut qualifizierten Präsidentschaftskandidaten ins Weiße Haus zu wählen, sei er nun Jude, Katholik, Mormone, eine Frau, ein Schwarzer, ein Latino, ein Homosexueller, älter als 72 Jahre, oder zum dritten Mal verheiratet; aber nicht einen Atheisten.
In der Türkei gelten Atheisten als Kriminelle. In Saudi-Arabien und im Iran müssen Atheisten für ihr Leben fürchten.
Weihbischof Franz-Josef Overbeck behauptete in einer Talkshow [4] im Mai 2009: „Ohne Gott gibt es keine Werte". Dieser Behauptung kann sich der Atheist mit dem Bekenntnis widersetzen,

alle Menschen zu achten und sich für ihre Würde und Selbstachtung einzusetzen,
Gutes zu fördern und Böses zu meiden,
wahrhaftig zu reden und zu handeln,
aufrichtig, ehrlich und fair zu sein,
friedlich, gewaltfrei und verantwortlich zu handeln,
tolerant zu sein gegenüber Mitmenschen und Angehörigen anderer Völker und Religionen,
unseren Planeten zu schützen und seine Tier- und Pflanzenarten und die Umwelt zu erhalten.

Diese Regeln können von allen Menschen aller Völker befolgt werden. Das zeigt, wie groß die Schnittmenge zwischen den ethischen Forderungen der verschiedensten Religionen ist. Die Religionen enthalten so viele Gemeinsamkeiten in ihren Moralvorstellungen, dass man denken könnte, die Religionsstifter hätten sich abgesprochen. Offensichtlich gibt es eine menschliche Moral, die Geltung hätte, auch wenn die Religionen sie nicht fordern würden. Das Verdienst der Religionen besteht lediglich darin, diesen Forderungen (beispielsweise den 10 Geboten) Ausdruck gegeben und Nachdruck verliehen zu haben.

In seinem Buch [5] „Moral Minds: How Nature Designed Our Universal Sense of Right and Wrong" weist Marc Hauser nach, dass es eine große Übereinstimmung zwischen den Moralvorstellungen der verschiedensten Völker unserer Erde gibt. In seinen inzwischen viel zitierten Befragungen stellt er die Befragten vor verschiedene moralische Dilemmas: Wenn ein führerloser Zug angerast kommt und du eine Weiche so stellen kannst, dass du den Zug entweder auf ein Gleis leitest, an dem 5 Arbeiter getötet werden würden, oder auf das andere Gleis, an dem nur ein Arbeiter getötet werden würde, wie entscheidest du dich? Wenn du einen dicken Mann von einer Brücke stoßen könntest, um dadurch den Zug zum Entgleisen zu bringen und 5 Arbeiter zu retten, wie entscheidest du dich? Viele derartige Fragen richtete er an Angehörige der verschiedensten Völker und der unterschiedlichsten

Religionen (auch sogenannter Naturreligionen) der Erde, wobei er bei Völkern, die keine Eisenbahn kennen, vergleichbare Situationen benutzte.

Für die Tatsache, dass alle Menschen sehr ähnliche Moralvorstellungen haben, gibt es eine Erklärung: In einem Beitrag mit dem Titel „Ethik ohne Gott" für das Wochenblatt DIE ZEIT vom 14. September 2006 weist Philip Kitchers darauf hin, dass Schimpansen typischerweise in Horden von etwa 30 Tieren leben und Verhaltensregeln befolgen, die als Vorstufe einer Moral angesehen werden können. Es ist bekannt, dass auch die ersten Menschen, als Jäger und Sammler in Afrika, in Horden lebten. Es ist anzunehmen, dass auch sie Verhaltensregeln hatten und diese mitnahmen, als sie vor etwa 60 000 Jahren begannen, die ganze Welt zu besiedeln. Unterstützt wird diese These von der Tatsache, dass der Supervulkan Toba die Menschheit zuvor auf etwa 10 000 Individuen reduzierte, die folglich einen begrenzten Gen-Pool und nicht sehr unterschiedliche Moralvorstellungen besaßen.

Philip Kitcher fasst die Entwicklung der Moralvorstellungen in einem Satz zusammen [6]: „The most successful of the many millennia-old experiments in how to live survive in our values today." (Die erfolgreichsten der während vieler Jahrtausende erprobten Überlebensweisen überleben in unseren heutigen Werten). Anders ausgedrückt: Uralte nützliche Lebensstrategien prägten unsere heutigen Werte. Unter diesen Strategien waren auch Irrläufer, die sich nicht durchgesetzt haben, z.B. das Darbringen von

Menschenopfern. Im Alten Testament ist die Rede von Säuglingsopfern, die dem Gott Moloch dargebracht wurden. Selbst die abgeschwächte Form, das Tieropfer, hat sich nicht durchgesetzt. Eine noch weiter abgeschwächte Form, das Entzünden einer Opferkerze, gibt es noch heute. Ein weiterer Irrläufer ist der Kannibalismus.

Neuere Feldforschungen weisen bestimmten Schimpansen-Horden eine Kultur zu, wobei Kultur von Anthropologen definiert wird als das, was Menschen zu einer bestimmten Zeit in einer abgrenzbaren Region an Bräuchen und Errungenschaften hervorbringen und ihren Nachkommen vermitteln. Bei den Beobachtungen von Christophe Boesch und Andrew Whiten [38] verwendeten die Schimpansen Werkzeuge für die Öffnung von Nüssen. Und das ist nicht allgemeine Affenart. Wir dürfen vermuten, dass bei den Übergängen vom gemeinsamen Vorfahren der Affen und Menschen über den *australopithecus afarensis,* den *homo erectus* usw. auch die jeweiligen Kulturen übertragen wurden, einschließlich der Werte.

Wir dürfen annehmen, dass in den frühen Menschheitsjahrtausenden innerhalb einer Menschenhorde jede Frau mit jedem Mann schlief. Das änderte sich erst, als die Menschen erkannten, dass das Kind einer Frau einen ganz bestimmten Vater hat. Daraus ergab sich automatisch eine Verantwortung für das Kind, die sich der Vater mit der Mutter teilte, eine Verantwortungsgemeinschaft gemäß dem Verursacherprinzip. Erkenntnis und Verantwortung führten schließlich zur

Ehe. Daraus folgt, dass Werte sich infolge neuer Erkenntnisse ändern können. Unsere Vorfahren lernten auch, dass es nützlich war, bestimmte Verhaltensweisen innerhalb der Horde zu vermeiden, wie töten, stehlen, lügen und die Inzucht. Ein weiteres Beispiel aus der Steinzeit für neue Werte ist das Einander-Vertrauen bei gemeinsamer Jagd oder bei der Abwehr von Feinden, entstanden aus der Erkenntnis, dass vertrauensvolle Zusammenarbeit in beiden Fällen zu besseren Ergebnissen führt. Glorreiche Beispiele aus der Neuzeit sind die Meinungsfreiheit, die Religionsfreiheit und die Gleichberechtigung von Mann und Frau. Der Satz von Weihbischof Franz-Josef Overbeck, „Ohne Gott gibt es keine Werte", ist also falsch. Werte gab es schon vor Gott. Eher gilt der Satz: Ohne Werte hätten wir das Chaos.

Von Ernst-Wolfgang Böckenförde, bis 1996 Richter am Bundesverfassungsgericht, stammt der Satz:

„Der freiheitliche, säkularisierte Staat lebt von Voraussetzungen, die er selbst nicht garantieren kann."

Diese Voraussetzungen sind die Werte.

Konsequenterweise und treffender hätte der Anfang der Präambel des Grundgesetzes der Bundesrepublik Deutschland statt

„Im Bewusstsein seiner Verantwortung vor Gott und den Menschen (...) hat sich das Deutsche Volk (...) dieses Grundgesetz gegeben"

lauten müssen:

„Im Bewusstsein des Wertekanons seiner Bürger (...) hat sich das Deutsche Volk (...) dieses Grundgesetz gegeben."

Zuerst kam also die Moral mit den Werten und erst danach kamen die Religionen und schließlich Gott. Die Werte haben sich im Verlauf der Menschheitsgeschichte gebildet und in unserem Gehirn verankert und können sich durch neue Erkenntnisse ändern. Wer behauptet, dass es keine Werte ohne Gott gibt, ignoriert nicht nur die Menschheitsgeschichte, sondern misstraut auch den Menschen, indem er einen Gott für nötig hält, die Menschen an ihre Werte zu gemahnen. Das ist also nicht nur uninformiert, also dumm, sondern auch beleidigend und in der Kombination dieser Attribute armselig.

Wenn es stimmen würde, dass Atheisten keine Moral haben, dann wäre zu erwarten, dass sie krimineller sind als gläubige Menschen. Gero von Randow weist in ZEIT ONLINE 13/2007 auf sozialpsychologische Studien hin, die eine „auffallend geringe Kriminalität unter Nichtgläubigen erweisen" und begründet das damit, dass „die Nichtgläubigen tendenziell sozial besser gestellt und gebildeter seien als die Gläubigen". Vielleicht haben die Nichtgläubigen auch nur gründlicher nachgedacht und beschlossen, ihre Zukunft nicht durch kriminelle Handlungen zu gefährden.

Wie kann der Atheist sein Moralbekenntnis griffig formulieren? Hier bietet sich zuvorderst die „Goldene Regel" an: **Was du nicht willst, das man dir tu, das füg auch keinem andern zu.**

Die Goldene Regel existiert seit alter Zeit in verschiedenen Kulturen [7], z.B.:

„Was da für mich eine unliebe und unangenehme Sache

ist, wie könnte ich das einem anderen aufladen?" (Buddhismus, 6. Jahrhundert v. Chr.)

„Was du selbst nicht wünschst, das tue auch anderen nicht an." (Konfuzius, um 500 v. Chr.)

„Tut anderen Menschen nicht an, worüber ihr empört wäret, wenn ihr es selbst erfahren müsstet." (Antike, Isokrates, 436–338 v. Chr.)

„Behandelt die Menschen so, wie ihr selbst von ihnen behandelt werden wollt – das ist es, was das Gesetz und die Propheten fordern." (Bibel, Matthäus 7,12, um 100 nach Chr.)

Die Goldene Regel ist ein globales Kulturerbe der Menschheit. Sie bedarf keiner Heiligen Schrift zu ihrer Gültigkeit.

Von den anfangs aufgelisteten 7 Regeln des Bekenntnisses eines Atheisten werden die Regeln 2 bis 6 von der Goldenen Regel abgedeckt. Eine globale Ethik sollte auch die Punkte 1 und 7 enthalten und, wie ich vorschlage, auch das Bemühen um den Frieden in der Welt.

Die globale Ethik kann also lauten:
Achte alle Menschen und behandle sie so wie du von ihnen behandelt werden möchtest!
Erhalte unseren Planeten!
Und bemühe dich, am Frieden in der Welt mitzuarbeiten!

Vergleicht man die globale Ethik mit den 10 Geboten,

1. Ich bin der Herr, dein Gott. Du sollst nicht andere

Götter haben neben mir.
2. Du sollst den Namen des Herrn, deines Gottes, nicht missbrauchen.
3. Du sollst den Feiertag heiligen.
4. Du sollst deinen Vater und deine Mutter ehren.
5. Du sollst nicht töten.
6. Du sollst nicht ehebrechen.
7. Du sollst nicht stehlen.
8. Du sollst nicht falsch Zeugnis reden wider deinen Nächsten.
9. Du sollst nicht begehren deines Nächsten Haus.
10. Du sollst nicht begehren deines Nächsten Weib, Knecht, Magd, Vieh noch alles, was dein Nächster hat.

so zeigt sich, dass die ersten 3 Gebote, die sich auf Gott (und den Sabbat bzw. den Sonntag) beziehen, keine Entsprechung in der globalen Ethik haben und dass die Gebote 5 bis 10 durch die Goldene Regel abgedeckt sind; wobei das bloße Begehren, soweit es nur im Kopf geschieht, mir nicht strafwürdig erscheint. Mit dem 4. Gebot hadere ich. Bei einer guten Erziehung ehren, ja, lieben Kinder ihre Eltern ganz automatisch. Es hätte besser heißen müssen „Du sollst deine Kinder zu selbständigen Menschen erziehen, die den Anforderungen des Lebens gewachsen sind!" Hier war Moses wohl ein wenig zu patriarchalisch. Eigentlich sind die 10 Gebote keine Gebote, sondern Verbote: In allen Geboten (außer in den Geboten 3 und 4) kommt das Wort „nicht" vor.
In 3 Punkten geht die globale Ethik über die 10 Gebote

hinaus: „Achte *alle* Menschen!" und „Erhalte unseren Planeten!" und „Bemühe Dich, am Frieden der Welt mitzuarbeiten!"

Bisher bezog sich Ethik auf Handlungen des Einzelnen in der Gemeinschaft. Wenn wir die Menschheit erhalten und in Frieden leben wollen, dann brauchen wir in unserer globalen Welt eine Globale Ethik für Handlungen von Gruppen von Menschen (und jedem einzelnen der Gruppe) gegenüber anderen Gruppen von Menschen (und jedem einzelnen dieser Gruppe).

Die Gebote der Juden richteten sich nur an das eigene Volk, nicht an alle Menschen. Auch die Christen grenzten sich von Andersdenkenden ab. Als die Religionen entstanden, war die Gefährdung des Planeten kein Thema. Inzwischen ist sie eins. Auch an den Frieden auf dem ganzen Planeten haben die Religionsstifter nicht gedacht. Und der Stil hat sich geändert: Statt „Du sollst nicht …!", heißt es jetzt „tu etwas!" („achte …" und „erhalte …!").

Wenn wir einen Gläubigen fragen, warum er die Gebote seiner Religionsgemeinschaft zu befolgen versucht, antwortet er vielleicht, dass er in Frieden mit Gott leben möchte. Auf die Frage, warum wir gemäß der globalen Ethik leben sollen, lautet die Antwort: „Damit alle Menschen in Frieden leben können."

Jeder Mensch sollte sich zur globalen Ethik bekennen können. Die Weltreligionen grenzen sich gegeneinander ab. Das geht bis zur Diffamierung anders Denkender. In Fragen der Moral haben die Weltreligionen also gegenüber der globalen Ethik ein gravierendes Defizit.

Die neuen Forderungen der globalen Ethik („Achte alle Menschen …!" und „Erhalte unseren Planeten!" und „Bemühe dich, am Frieden in der Welt mitzuarbeiten!") spiegeln unser Bewusstsein von einer veränderten Welt wider. Sie richtet sich an *alle* Menschen, nicht nur an die Anhänger einer Religion. Die globale Ethik kommt ohne Gott aus, d.h. für die Führung eines moralischen Lebens ist Gott und sind die Religionen entbehrlich. Die Behauptung „ohne Gott gibt es keine Werte" ist also nicht nur unwahr: Die traditionellen Ethiken haben sogar einen Nachholbedarf, sie müssen die neuen Werte erst noch verinnerlichen.

Die neue globale Ethik hat Wurzeln in allen drei abrahamitischen Offenbarungsreligionen (Judentum, Christentum und Islam), aber nicht nur in diesen, sondern auch in den übrigen Weltreligionen. Das ist die Voraussetzung für ihre globale Akzeptanz: Die neue globale Ethik bedarf keiner Offenbarung, sie entspringt der Vernunft.

Die Achtung aller Menschen umfasst auch die Toleranz ihnen gegenüber. Die hat allerdings ihre Grenze, wenn jemand ethische Normen verletzt, z.B. bei Folter, Hass, Fanatismus und bei Glaubenskriegen. „Toleranz ist gut. Aber nicht gegenüber Intoleranten" (Wilhelm Busch).

Fazit:

1. Zuerst kam die Moral; danach kamen die Religionen und danach Gott.

2. Neue Erkenntnisse können neue Werte schaffen und alte Werte korrigieren.

3. Der Anfang der Präambel des Grundgesetzes der

Bundesrepublik Deutschland müsste lauten:
"Im Bewusstsein des Wertekanons seiner Bürger (...) hat sich das Deutsche Volk (...) dieses Grundgesetz gegeben."
4. Die Behauptung, ohne Gott gäbe es keine Moral, ist armselig.
5. Die Moralvorstellungen aller Völker der Erde unterscheiden sich nicht wesentlich. Eine globale Ethik ist deshalb möglich.
6. Die traditionellen Ethiken haben einen Nachholbedarf, sie müssen die neuen Werte erst noch verinnerlichen.
7. Die neue globale Ethik bedarf keiner Offenbarung, sie entspringt der Vernunft.

Die Schöpfung der Welt

Es ist faszinierend, welcher Ideenreichtum in den vielen Schöpfungsmythen unserer Vorfahren zum Ausdruck kommt. Bei den Sumerern schuf das Urmeer die Erde und den Himmel. Für die Griechen stand am Anfang das Chaos, aus dem die Nacht, die Erde, der Himmel, das Meer, die Berge, die Unterwelt, die Liebe und die Luft entstanden.

Für die San (Buschmänner) schuf der Gott Nariba die Erde und alle Sterne. „Dazu nahm er Feuer, verbrannte die Spitzen von Vogelflügeln und befestigte sie an einem Baum. Einen Flügel nahm er und befestigte ihn mit einer Schnur an einem Stück Holz, am anderen Ende befestigte er ein Stück Kohle. Das ganze Teil warf er, so weit wie er konnte. Beim dritten Versuch warf er es bis in den Himmel hoch. Das ist jetzt die Sonne." [8]

Es ist offensichtlich ein Bedürfnis des Menschen, sich ein Bild zu machen, wie die Welt entstanden ist. Die Schöpfungsgeschichte des Alten Testaments ist ein poetisches Meisterstück; aber entstanden aus dem damaligen Wissensstand: Als die Erde noch eine Scheibe war. Ein heute lebender Religionsstifter würde die Schöpfungsgeschichte anders schreiben und vom Urknall ausgehen.

Für den Leser, der daran interessiert ist, erläutere ich, was es mit dem Urknall auf sich hat. Wir wissen heute, dass unsere Sonne ein Stern ist unter mehr als 100 Milliarden Sternen unserer Milchstraße und dass es in unserem Universum wahrscheinlich weitere 100

Milliarden Milch-straßen gibt. In den zwanziger Jahren des 20. Jahr-hunderts entdeckte der amerikanische Astronom Edwin Hubble, dass sich die Galaxien des Weltalls mit großer Geschwindigkeit voneinander entfernen, und zwar so, als wären sie alle vom gleichen Ort gestartet. Aus den „Fluchtgeschwindigkeiten" und den Entfernungen der Galaxien konnte man die Zeit berechnen, zu der sie gestartet sein mussten. Nach neuesten Messungen war das vor 13,73 Milliarden Jahren. Eine Sekunde nach dem Urknall lagen praktisch alle Materieteilchen vor, aus denen sich das Universum bis heute zusammensetzt.

Unser moderner hypothetischer Religionsstifter würde nun wohl postulieren, dass der Urknall durch irgendetwas ausgelöste sein müsse, und das könne nur Gott sein; denn „von nichts kommt nichts".

Dagegen ist einzuwenden: Raum, Zeit und Energie entstanden mit dem Urknall. Und innerhalb einer Sekunde hatte sich ein Großteil der Energie in Materie verwandelt. Ebenfalls mit dem Urknall entstand die Kausalität; denn Ursache und Wirkung bedingen immer ein Etwas, das die Wirkung verursacht, und ein anderes Etwas, das die Wirkung empfängt. Diese „Etwasse" sind aber erst mit dem Urknall entstanden und folglich auch die Kausalität. Übrigens gilt unsere tägliche Erfahrung der Kausalität in der Welt der Quanten nicht. Und in der befinden wir uns unmittelbar nach dem Urknall. Die Frage nach der Ursache des Urknalls ist also ähnlich sinnlos wie z.B. Fragen nach dem Blutdruck von Marmor oder der Ehre von Dreiecken oder was ist leerer als leer.

Das gilt auch für die Frage, was vor dem Urknall war; denn vor ist ein zeitlicher Begriff; und die Zeit entstand erst mit dem Urknall. Derartige Fragen sind also sinnlos, auch wenn man sie grammatikalisch korrekt formulieren kann. Unser hypothetischer Religionsstifter muss Gott also anders definieren oder besser gar nicht. Man muss früher gewonnene Erkenntnisse, Theorien, Gesetze und Mythen korrigieren, wenn sie neu gewonnenen Erkenntnissen widersprechen.

Fazit: Gott als Schöpfer der Welt ist nicht erforderlich.

Gottesbeweise

Niemand hat je Gott gesehen, gehört oder ertastet, es sei denn im Traum, in Visionen oder Halluzinationen. Umso wichtiger erschien es Kirchenleuten, einen Beweis für die Existenz Gottes zu finden. So hat Anselm von Canterbury [9] argumentiert, dass man sich Gott nur als allmächtig, allwissend, allgütig und als vollkommenstes Wesen vorstellen könne und dass zur Vollkommenheit auch die Existenz gehöre. Immanuel Kant hat in seiner *Kritik der reinen Vernunft* nachgewiesen, dass alle vorgebrachten „Beweise" logische Fehler enthalten und damit ungültig sind. So kann man sich im Fall des Anselm von Canterbury zwar eine weitere Eigenschaft hinzudenken wie z.B. die Allgegenwärtigkeit, aber nicht die Existenz; denn die ist keine Eigenschaft. Die Existenz ist kein *wie*, sondern ein *was*. Nach Kant hat es keinen ernst zu nehmenden Versuch mehr gegeben, einen Gottesbeweis zu führen. Gott existiert also nicht in Wirklichkeit, sondern nur in der Vorstellung von Menschen. Man kann also an Gott glauben. Kant selber formulierte seinen „persönlichen Gottesbeweis" so: „Zwei Dinge erfüllen das Gemüt mit immer neuer und zunehmender Bewunderung und Ehrfurcht, je öfter und anhaltender sich das Nachdenken damit beschäftigt: Der bestirnte Himmel über mir, und das moralische Gesetz in mir." Das ist natürlich kein Beweis für die physische Existenz Gottes.
Blaise Pascal hat das Problem, ob es einen Gott gibt oder nicht (bekannt als Pascals Wette), intelligenter

formuliert: „Es ist besser, bedingungslos an Gott zu glauben, weil man nichts verlöre, wenn er nicht existiert, aber auf der sicheren Seite sei, wenn es doch einen Gott gibt." Für ihn war klar, dass weder die Existenz Gottes noch seine Nicht-Existenz bewiesen werden kann, dass aber seinem Wunsch, an Gott zu glauben, nichts im Wege steht. Wer nun aber nicht an Gott glaubt, kann die „Wette" auch anders formulieren: „Es ist besser, nicht bedingungslos daran zu glauben, dass Gott schon alles richten wird, sondern selbst darüber nachzudenken, was man tun sollte und entsprechend zu handeln; denn dann wären wir auf der sicheren Seite, wenn Gott nicht existierte, und verlören nichts, wenn er unser Denken und Handeln lenkte."

Hierzu passt das schöne Wort des Kirchenvaters Augustin: „Bete als hinge alles von Gott ab, und handle als hinge alles von dir ab!" In dem Wörtchen „hinge" offenbart sich ein leiser Zweifel Augustins an der Existenz Gottes. „Handle als hinge alles von dir ab" könnte auch ein Atheist unterschreiben.

Die Kritik am Gottesbegriff erstreckt sich in erster Linie auf die Gott zugeschriebenen Eigenschaften. Kann der „Allmächtige" einen Stein erschaffen, der so schwer ist, dass er ihn nicht tragen kann?

Warum lässt der „Allgütige" und zugleich „Allmächtige" es zu, dass ein selbstmörderischer Kopilot sein Flugzeug an einem Berg zerschellen lässt und dabei 150 Menschen mit in den Tod reißt? Unter anderem diese

Frage hat den früheren CDU-Generalsekretär Heiner Geißler veranlasst, ein Buch [10] mit dem Titel „Kann man noch Christ sein, wenn man an Gott zweifeln muss?" zu veröffentlichen. Das Dilemma, dass Katastrophen, von denen Menschen betroffen sind, trotz der Allmacht und Güte Gottes geschehen, wird Theodizee genannt. Wie ich Heiner Geißler verstanden habe, ist er Christ geblieben, glaubte aber nicht mehr an den Christengott.

Fazit: Die Existenz Gottes lässt sich nicht beweisen.

Klarheit

Es gibt ein ästhetisches Argument gegen Gott: die Klarheit. Eine Welt ohne Gott ist einfacher und klarer. Als der französische Mathematiker, Physiker und Astronom Pierre-Simon Laplace 1799 Napoleon seine Bücher zur Himmelsmechanik überreichte, soll Napoleon gefragt haben, warum er darin den Namen Gottes nicht einmal erwähnt habe. „Ich hatte diese Hypothese nicht nötig", antwortete Laplace [11].

Der Schritt von vielen Göttern zu einem Gott führte zu größerer Vereinfachung und Klarheit. Der Schritt von einem Gott zu keinem Gott führt zum Höchstmaß an Vereinfachung und Klarheit. Für das Verständnis der Welt ist Gott entbehrlich. Der Monotheismus hat sich in den letzten 2000 Jahren kolossal ausgebreitet. Und doch ist er vielleicht nur eine Episode. Denn der homo sapiens kam fast immer, nämlich fast 99% seiner bisherigen Zeit, ohne Monotheismus aus und wird auch in Zukunft ohne ihn auskommen können.

Der Glaube hilft denjenigen, die fest daran glauben, dass ihr Glaube ihnen hilft. Das erinnert an den Placebo-Effekt: Ein wirkungsloses Medikament kann heilen, wenn der Patient es für ein wirksames hält. Genau genommen, ist die Verabreichung eines Placebos Betrug, wenn auch ein möglicherweise heilsamer. Da die Religionen einschließlich ihrer Versprechen (Auferstehung von den Toten, ewiges Leben, Widergeburt usw.) von Menschen gemacht wurden, ohne dass die Versprechen jemals nachweislich gehalten wurden, sind auch sie ein heilsamer Betrug. Da es sich hier um Religionen handelt, muss man wohl sagen ein „heiliger Betrug". Der Atheist bleibt dagegen bei der Vernunft: „Wenn du geboren wirst, hast du dieses eine Leben, nur dieses. Mach etwas daraus, gib ihm einen Sinn!"

Fazit: Ohne Gott ist alles klarer. Unbestätigte Versprechen der Religionen sind heiliger Betrug.

Agnostiker

Agnostiker beziehen sich auf die Erfahrung, dass weder die Existenz noch die Nicht-Existenz Gottes bewiesen werden kann, und bekennen sich zu der Aussage: Ich weiß nicht, ob Gott existiert oder nicht. Der Begriff *Agnostizismus* kommt aus dem Griechischen und bedeutet so viel wie nicht wissen oder nicht erkennen. Ein Neugeborenes weiß auch nichts, ist aber kein Agnostiker. Der Agnostiker muss zuerst mit der Frage konfrontiert worden sein, ob Gott existiert oder nicht. Ein Agnostiker steht einem Atheisten näher als einem Gläubigen. Ein Atheist kann sagen, dass er nicht an Gott glaubt. Er sollte aber nicht sagen: Es gibt keinen Gott, oder, wie Nietzsche sagt, *Gott ist tot*; denn das kann er ja gar nicht wissen. Ein Atheist sollte korrekter sagen: „Ich gehe von der Hypothese aus, dass Gott nicht existiert."
Die Haltung eines Agnostikers (nicht zu wissen, ob Gott existiert) ist unanfechtbar. Sie kommt mir aber lauwarm vor. Fehlt es ihm am Mut, sich zum Atheismus zu bekennen, weil er sich dadurch womöglich Anfechtungen aussetzt?
Fazit: Agnostiker sind auch Menschen.

Hybris

Schon früh haben die Menschen über ihre Stellung in der Welt nachgedacht. Sie glaubten, die Erde sei der Mittelpunkt der Welt und sie selbst seien die Krone der Schöpfung. Das Beispiel der christlichen Religion zeigt, dass sie die Auffassungen der Menschen übernommen und zu Dogmen erhoben hat. Änderte sich die Auffassung der Menschen, gestützt auf neu erkannte Tatsachen, dann musste auch die Kirche ihre Dogmen aufgeben. Gegen Tatsachen sind Dogmen eben machtlos. Aber das fiel der Kirche äußerst schwer, und es dauerte sehr lange, bis sie neue Tatsachen akzeptierte.

Ein Beispiel ist die wörtliche Auslegung der Genesis, der biblischen Schöpfungsgeschichte. Die christlichen Kirchen haben die wörtliche Auslegung aufgegeben (mit Ausnahme der Kreationisten).

Als evident wurde, dass die Erde nicht der Mittelpunkt der Welt ist. widersetzte sich die Kirche vehement. Im Rom des Jahres 1600 ließ sie den Philosophen Giordano Bruno [12] als Ketzer auf dem Scheiterhaufen verbrennen, weil er unter anderem behauptet hatte, die Sterne seien Sonnen wie die unsere, um die vielleicht bewohnte Planeten kreisen. 400 Jahre später, im Jahr 2000, erklärten der päpstliche Kulturrat und eine theologische Kommission die Hinrichtung Giordano Brunos für Unrecht.

Galileo Galilei [13] trat für das Kopernikanische Weltbild ein und musste sich deshalb gegenüber der Inquisition rechtfertigen. Am 22. Juni 1633 fand der Prozess in der Basilika Santa Maria sopra Minerva statt. Um einer Hinrichtung auf dem Scheiterhaufen zu entgehen, musste er schwören, dass seine Auffassung falsch war, musste sie verfluchen und verabscheuen, wurde aber trotzdem zu lebenslanger Kerkerhaft verurteilt. 359 Jahre später, am 2. November 1992, wurde Galilei von der römisch-katholischen Kirche formal rehabilitiert.

Früher glaubte man, Mensch und Tier seien grundsätzlich verschieden, bis Darwin 1871 zeigte, dass Menschen und Affen dieselben Vorfahren haben. Dafür wurde er von den Kirchen angefeindet. 125 Jahre später, 1996, hat Papst Johannes Paul II. die Evolutionstheorie als mit dem christlichen Glauben vereinbar anerkannt [14]: „Neue Erkenntnisse führen zu der Feststellung, dass die Evolutionstheorie mehr als eine Hypothese ist." Hauptgegner Darwins war Samuel Wilberforce, anglikanischer Bischof von Oxford. Im Jahre 2008, also 137 Jahre später, hat Englands anglikanische Kirche ihre ablehnende Haltung gegenüber der Evolutionstheorie revidiert [15]: „Die anglikanische Kirche sagt leise sorry".

Und ist der Mensch wirklich die Krone der Schöpfung? Eher könnte man das von Bakterien, Ameisen, Kakerlaken und Haien behaupten, gibt es diese Überlebenskünstler doch schon seit mehr als hundert Millionen Jahren, während der homo sapiens erst seit etwa 300 000 Jahren existiert und vor etwa 75 000 Jahren fast ausgestorben wäre.

Diese schrittweise Preisgabe der Hybris, also der Überheblichkeit und Selbstüberschätzung des Menschen, und der Demontage der an die Hybris gekoppelten christlichen Dogmen, sollte uns bescheidener werden lassen. Wir Menschen sind Lebewesen mit besonderen Eigenschaften unter anderen Lebewesen mit anderen besonderen Eigenschaften auf einem der wohl vielen Milliarden Planeten im Universum.

Es gibt noch eine moderne Form der Hybris, nämlich die Verachtung, mit der Gläubige auf Zweifler am Glauben und auf Atheisten hinabschauen.

Fazit: Durch eigene Erkenntnisse haben wir uns entthront.

Klerikale Anmaßungen

Weil eine neunjährige Brasilianerin, die von ihrem Stiefvater vergewaltigt und mit Zwillingen geschwängert wurde, abtreiben ließ, wurden die Mutter und die Ärzte, die die Abtreibung vornahmen, von Erzbischof José Cardoso Sobrinho im März 2009 exkommuniziert [31], nicht aber der Vergewaltiger. Nach Ansicht der Ärzte wäre das Leben der Neunjährigen bei einer Geburt sehr gefährdet gewesen. In derartigen Fällen erlaubt das brasilianische Gesetz die Abtreibung. Der Erzbischof argumentierte mit einem „Gesetz Gottes", das über allen menschlichen Gesetzen stehe, und wonach Abtreibung schlimmer sei als Vergewaltigung.

Wer behauptet, dass es ein Gesetz gibt, das über dem Grundgesetz steht, sollte vom Verfassungsschutz beobachtet werden.

In einer Talkshow, in der es um Sterbehilfe ging, sagte der Augsburger Bischof Mixta [32]: „Das Leben ist jedem von Gott gegeben; deshalb darf nur Gott es wieder nehmen. Sterbehilfe ist also Mord." Selbstverständlich kann man glauben, dass das Leben von Gott gegeben wird. Man kann aber auch annehmen, dass das Leben auf natürliche Weise, ohne Einwirkung von Gott, entstanden ist. Hier hätte die Moderatorin eingreifen können: „Herr Bischof, Sie gehen da von einer unbewiesenen Voraussetzung aus, nämlich dass jedem das Leben von Gott gegeben wird." Das tat sie nicht. Schließlich sind Vertreter „der beiden großen Konfessionen" Mitglieder in den Landesrundfunk-räten.

Im Dezember 2009 äußerte Kardinal Javier Lozano [33] seine Überzeugung, dass Homosexuelle und Transsexuelle „niemals in das Himmelsreich eintreten" könnten. Was für eine monströse Anmaßung!

Bei Diskussionen über Sterbehilfe, Patientenverfügungen, Abtreibung, Genmanipulation, pränatale Diagnostik usw. mischen sich Kirchenvertreter mit ihren antiquierten Meinungen ein.

In einer repräsentativen FORSA-Umfrage [34] wurden die Befragten gebeten, anhand einer vierstufigen Skala von „voll und ganz" bis „überhaupt nicht" anzugeben, in wieweit die Lebensauffassung „Ich führe ein eigenständiges, selbstbestimmtes Leben frei von Religion und den Glauben an einen Gott, das auf ethischen und moralischen Grundüberzeugungen beruht" auf sie zutrifft. 56% der Befragten gaben an, dass die genannte Lebensauffassung auf sie persönlich zutrifft. 42% meinten, diese Auffassung würde auf sie nicht zutreffen. Dazu bemerkt der Humanistische Verband Deutschlands:
„Bedenkt man, welchen Einfluss die Kirchen in unserem Land besitzen, stellt diese Umfrage das bestehende System der gesellschaftlichen Teilhabe an Entschei-

dungen auf allen Ebenen des politischen und sozialen Lebens grundlegend infrage. Repräsentanten der Kirchen sind in allen öffentlichen Institutionen vertreten. Die Kirchen besitzen vielfältige Anhörungs- und Mitwirkungsrechte und sie werden aus öffentlichen Mitteln umfassend unterstützt."

Wenn, wie die FORSA-Studie zeigt, eine Mehrheit der Deutschen überzeugt ist, ein selbstbestimmtes Leben ohne Religion und ohne Glauben an Gott zu führen, dann ist der heutige Einfluss der Kirchen auf politische Diskussionen und Entscheidungen, insbesondere über Abtreibung, Sterbehilfe, Patientenverfügungen, Genmanipulation usw., nicht mehr zeitgemäß. Und es sollte nicht verwundern, dass der Humanistische Verband Deutschlands [35], die Giordano Bruno Stiftung [36] und andere dafür eintreten, die organisierte Dominanz von Kirchenvertretern bei öffentlichen Diskussionen und Entscheidungen zu vermindern. Dieses Bemühen richtet sich nicht gegen Gläubige, sondern gegen die Vertreter der Kirchen und die öffentlichen Institutionen, die diese organisierte Dominanz ermöglichen. Aber dieses Bemühen wird wahrscheinlich einen ähnlich langen Atem brauchen wie der Kampf um die Gleichberechtigung der Frau.

Es liegt mir fern, Vertreter der Kirchen zu verunglimpfen; sie können wahrscheinlich nicht anders. Ich möchte nur darauf aufmerksam machen, wie aus der Welt gefallen ihre Ansichten sind.

Fazit: Die Geisteshaltung so mancher Kleriker passt nicht mehr ins Zeitgeschehen.

Wer behauptet, dass es ein Gesetz gibt, das über dem Grundgesetz steht, sollte vom Verfassungsschutz beobachtet werden.

Evolution

Vor rund 3,5 Milliarden Jahren entstand das Leben auf der Erde. Aus anorganischen Molekülen entstanden zunächst einfache organische Moleküle und aus diesen Molekülen dann komplexere organische Moleküle, die als Grundbausteine des Lebens erforderlich sind. 1953 schufen Stanley Miller und Harold C. Urey [16] Versuchsbedingungen, wie sie vor 3,5 Milliarden Jahren in der „Ursuppe" herrschten, fügten Wasser, Ammoniak, Wasserstoff und Methan sowie Energie in Form elektrischer Entladungen (Blitze) hinzu und erzeugten auf diese Weise komplexe organische Verbindungen wie Aminosäuren, Fettsäuren und andere Kohlenwasserstoffe, und in weiteren Versuchen alle wesentlichen Bausteine der Lebewesen. Vergleichbare Bedingungen herrschen in der Umgebung von sogenannten Schwarzen und Weißen Rauchern auf dem Boden der Ozeane. +Viele Forscher nehmen an, dass das erste Leben auf der Erde in der Nähe solcher Raucher entstanden ist.

Die kleinste eigenständige Einheit aller Lebewesen ist die Zelle. Wie sie entstanden ist, weiß man noch nicht. Die Zelle kann Nährstoffe aufnehmen und in Energie umwandeln, und sie kann sich reproduzieren (z.B. durch Zellteilung), also „Nachkommen" bilden. Sie enthält alle dafür erforderlichen Informationen und gibt sie an ihre Nachkommen weiter. Die Informationen sind im Erbmolekül DNA (Desoxyribonukleinsäure) gespeichert, das an sich sehr stabil ist, aber manchmal bei der

Reproduktion falsch kopiert wird. Infolgedessen können Nachkommen mit veränderten Eigenschaften entstehen. Meist sind diese neuen Eigenschaften unvorteilhaft, aber gelegentlich verhelfen sie den Nachkommen dazu, besser mit der Umwelt zurechtzukommen. Dann überleben sie und ihre Nachkommen, die dann auch diese veränderten Eigenschaften besitzen. Das ist Evolution.

Um der ersten Zelle auf die Spur zu kommen, wurden heute lebende Organismen (auch Pflanzen) genetisch untersucht und deren DNA-Sequenzen verglichen mit dem Ziel, diejenigen Sequenzen zu finden, die in allen Organismen enthalten sind. Auf diese Weise hat man "Luca" (Last Universal Common Ancestor) errechnet, also "letzter gemeinsamer Vorfahre". Er besaß einige hundert Gene und lebte in einer etwa 100° Celsius heißen Umgebung [17].

Das älteste Bakterium, sei es nun Einzeller oder Vielzeller, hat vor 3,77 Milliarden Jahren gelebt.

Es scheint, als hätte jede biologische Art den „Auftrag", sich zu erhalten, z.B. genügend Nachkommen zu produzieren und sich veränderten Umweltbedingungen anzupassen. Einen Auftrag, einen Plan oder gar ein Ziel gibt es aber nicht: alles geschieht durch zufällige Mutationen und durch Selektion der überlebensfähigen Nachkommen.

Die Genforschung hat Darwins Theorie bestätigt. Heute gehen die Biologen dazu über, die Lebewesen weniger nach der Erscheinungsform, als nach der Genom-Ähnlichkeit zu klassifizieren. Das Genom oder auch

Erbgut eines Lebewesens ist die Gesamtheit der vererbbaren Informationen einer Zelle. Träger der Gene innerhalb der Zelle ist, wie oben gesagt, das Molekül Desoxyribonukleinsäure (DNA). Es besteht aus den aneinandergereihten DNA-Basen Adenin, Guanin, Thymin und Cytosin, für die die Symbole A, G, T und C verwendet werden. Aus diesen Buchstaben (Basen) setzt sich das „Buch der Biologie" zusammen, das die Genforscher gerade zu entziffern begonnen haben. So hat der Genforscher Hans Eiberg [18] von der Universität Kopenhagen herausgefunden, dass vor 6.000 bis 10.000 Jahren nordöstlich des Schwarzen Meeres bei einem einzelnen Menschen im Chromosom 15 ein einzelner Buchstabe (G statt A) durch eine Mutation ausgetauscht wurde. Die Folge war, dass dieser Mensch blaue Augen hatte. Wer heute blaue Augen hat, ist ein Nachkomme dieses Menschen. Das „Buch der Biologie" enthält Informationen aus Zeiten, in denen es noch keine schriftlichen Aufzeichnungen gab.

Hierher gehört noch ein Wort des Papstes Benedikt XVI. Spiegel-Online [37] bezieht sich auf einen Beitrag des Papstes in dem Buch „Evolution und Schöpfung". Darin weist er die Naturwissenschaft in die Schranken:

„Wissenschaftler dürfen nicht alle Fragen beantworten. Die Evolution ist nicht beweisbar, weil die langen Zeitspannen, über welche die Evolution abläuft, eine Überprüfung unmöglich macht: Wir können keine 10.000 Generationen ins Labor holen."

Es wurde auch einmal behauptet, dass wir niemals etwas über die chemische Zusammensetzung der Sterne wissen könnten. Heute kennen wir, dank der Spektralanalyse, die chemische Zusammensetzung entferntester Sterne sehr genau, ohne die Sterne ins Labor geholt zu haben. In der Evolutionsforschung sind wir ebenfalls nicht dümmer als der Papst erlaubt. Wir brauchen keine 10.000 Generationen ins Labor zu holen: Sie sind schon da! Im „Buch der Biologie", nämlich in den Genen, ist die Geschichte der Mutationen festgehalten.

Wie kommt der Papst zu diesen dümmlichen Äußerungen? Er hat Berater, ihm steht die Päpstliche Akademie der Wissenschaft zur Verfügung. Immerhin hat er mit dem Versuch der Gängelung der Wissenschaften wenigstens keinen Schaden angerichtet. Gegen die Methoden und Erkenntnisse der Naturwissenschaften kann selbst ein Papst nichts ausrichten.

Die Kreationisten nehmen die Schöpfungsgeschichte der Bibel wörtlich und glauben, dass die Welt nicht mehr als 6.000 Jahre alt ist, dass die Lebewesen „jegliches nach seiner Art" von einem übernatürlichen Wesen geschaffen wurden und sich nicht verändert haben. Damit ignorieren sie nicht nur die Evolution, sondern auch die Tatsache, dass ständig neue Arten entstehen und dass 99% aller biologischen Arten, die jemals gelebt haben, ausge-storben sind. Glauben die Kreationisten wirklich, dass ihr Gott ein solcher Pfuscher ist, dass er 99% Ausschuss kreiert hat? Bezüglich der Kreationisten tröste ich mich mit dem Wort Immanuel Kants: "Eine Religion, die der Vernunft unbedenklich den Krieg an-kündigt, wird es auf die Dauer gegen sie nicht aushalten."

Hat die Evolution die Entstehung von Religionen begünstigt? Ermöglichen Religionen einen Überlebensvorteil? Diese Fragen werden heute lebhaft diskutiert.
Der Religionsanthropologe Pascal Boyer [19] schreibt zu diesem Thema (gekürzt):
"Glaube ist eine natürliche Eigenschaft des Menschen. Unsere soziale Intelligenz macht uns für die Religion empfänglich. Menschen haben eine spezifische Fähigkeit zur Koalitionsbildung. Wir können mit nichtverwandten Individuen stabile Bündnisse unterhalten, die auf gegenseitigem Vertrauen beruhen. Möglicherweise werden wir eines Tages überzeugende Beweise dafür finden, dass die Fähigkeit zu religiösem Denken unseren Vorfahren einen Vorteil verschafft hat. In der Zwischenzeit stützen die Daten eine bescheidenere Schlussfolgerung: Religiöses Denken scheint zu unserer kognitiven Standardausstattung zu gehören. Wir sollten nicht der Versuchung erliegen, den einen Ursprung von religiösem Glauben lokalisieren zu wollen. Es gibt im menschlichen Gehirn keine Domäne für Religion. Formen von religiösem Denken scheinen für unsere kognitiven Systeme den Weg des geringsten Widerstandes darzustellen. Im Gegensatz dazu ist Unglauben in der Regel das Ergebnis bewussten, mühevollen Ankämpfens gegen unsere natürlichen kognitiven Dispositionen – und damit wohl kaum eine leicht zu verbreitende Ideologie".
Ich halte es für wahrscheinlich, dass Religionen den Zusammenhalt steinzeitlicher Horden begünstigt haben

und dass die Disposition im Gehirn dazu evolutionär entstanden ist.

Ich bin übrigens davon überzeugt, dass mehr Steinzeit im Charakter der Menschen steckt als viele denken. So werde ich von einem Glücksgefühl ergriffen, wenn ich eine Schirmakazie sehe, wahrscheinlich, weil unsere Vorfahren sie als Schattenspender ersehnten; oder wenn ich die schmale Sichel des Mondes am Abendhimmel sehe, wahrscheinlich, weil das, was weg war, nun doch wieder da war und somit die ersehnte Ordnung bestätigte; oder, wenn ich ziellos in die Gegend sehe und trotzdem die kleinste Bewegung selbst aus dem Augenwinkel wahrnehme, wahrscheinlich, weil es für unsere Vorfahren als Jäger lebenswichtig war, schnell Beute oder Feind wahrzunehmen; oder weil es Frauen leichter als Männern fällt, im Kühlschrank etwas zu finden, wahrscheinlich weil ihre steinzeitlichen Vorfahren darin geübt waren, beim Sammeln von Früchten und Kräutern, das Gesuchte zu finden.

Die rasante Zunahme der Fähigkeiten des *Homo sapiens* während der letzten 100.000 Jahre ist möglicherweise auch darauf zurückzuführen, dass er sich mit anderen Menschenarten, wie dem Neandertaler und dem Denisova-Menschen, paarte, wobei die kulturelle Mischung wahrscheinlich wichtiger war als die genetische, gemäß dem eigentlich auf die Globalisierung gemünzten Wort von Peter Sloterdijk „Die Kulturen zivilisieren sich gegenseitig". Meine Hypothese lautet also: „Parallel lebende Menschenarten befruchteten sich gegenseitig".

Fazit:

An Evolution führt kein Weg vorbei. Aber die Entstehung von Leben auf der Erde ist noch ungeklärt.

Parallel lebende Menschenarten befruchteten sich gegenseitig.

Naturwissenschaften

In den Naturwissenschaften wird beobachtet, gemessen, analysiert und publiziert mit dem Ziel, Regelmäßigkeiten im Verhalten der Natur zu erkennen. Eine wichtige Methode der Naturwissenschaften sind Experimente unter kontrollierten Versuchsbedingungen. Erkenntnisse gelten erst dann als gesichert, wenn sie von anderen Naturwissenschaftlern reproduziert werden. Theorien sind ein wichtiges Hilfsmittel, um Erkenntnisse zu erzielen. Aber ein Gegenbeispiel kann eine Theorie zu Fall bringen. Hegels Behauptung „Wenn die Tatsachen nicht mit der Theorie übereinstimmen: umso schlimmer für die Tatsachen" hat in den Naturwissenschaften nichts zu suchen.

In den letzten Jahrhunderten gab es eine explosionsartige Zunahme von Erkenntnissen über die Welt, zumeist dank der Naturwissenschaften. Die Wissenschaften korrigieren sich einerseits selbst – ältere Erkenntnisse werden durch neuere ersetzt -, aber auch „Erkenntnisse" aus vorwissenschaftlicher Zeit („Blitze sendet der Donnergott", „Die Welt entstand vor 6.000 Jahren"). So dachte man in frühen Kulturen, die Welt sei eine Scheibe, bis der Grieche Eratosthenes (geb. um 284 v. Chr.) den Umfang der Erdkugel maß und damit bewies, dass die Erde keine Scheibe ist. Manche der physikalischen Gesetze sind nur schwer verständlich.

Selbst manche Physiker taten sich schwer z.B. mit der Anerkennung der Speziellen und der Allgemeinen Relativitätstheorie. Heute sind die Beweise so erdrückend, dass nur noch schlecht informierte Laien die Gesetze der Speziellen und der Allgemeinen Relativität anzweifeln. Diesen Laien sei gesagt, dass das sehr nützliche und weit verbreitete Global Positioning System (GPS), also das Navigationssystem, das mit Hilfe von 24 Satelliten, jeder ausgestattet mit einer Atomuhr, die in 10.000 Jahren höchstens 1 Sekunde falsch geht, also das System, mit dem man den eigenen Standort auf der Erde sehr genau (auf etwa 10 m oder sogar weniger) bestimmen kann, nicht ohne die Berücksichtigung der Relativitätsgesetze funktionieren würde.

Fazit: An Tatsachen führt kein Weg vorbei.

Ungelöste kosmologische Probleme

Die Ereignisse zwischen dem Urknall und der Inflation des Universums, also während der ersten 10^{-35} (10 hoch minus 35) Sekunden, verstehen wir bisher wenig, und die Ereignisse zwischen dem Urknall und den ersten 10^{-43} (10 hoch minus 43) Sekunden verstehen wir noch gar nicht, weil dort „Quanteneffekte" eine Rolle spielen. Dafür wäre eine Theorie der Quantengravitation erforderlich (manchmal auch Weltformel genannt), die aber noch nicht gefunden wurde. Um wenigstens mathematisch Interessierten halbwegs verständlich zu machen, um welch unvorstellbar kurze Zeiten es sich hier handelt, sei erwähnt, dass das Universum $4{,}33 \cdot 10^{17}$ (10 hoch 17) Sekunden alt ist.

Es gibt weitere Phänomene, die wir noch nicht verstehen: „Dunkle Materie" und „Dunkle Energie". Und warum sind die Naturkonstanten gerade so groß wie sie sind?

Dunkle Materie [20]. Die Sterne einer Galaxie rotieren um den Mittelpunkt der Galaxie. Im äußeren Bereich der Galaxie ist die Rotationsgeschwindigkeit höher als man auf Grund der Gravitation erwarten würde. Wenn man annimmt, dass es außer der sichtbaren Materie auch unsichtbare Materie gibt, kann man die Rotationsgeschwindigkeit erklären. Die Menge der dunklen Materie müsste das Sechsfache der sichtbaren Materie betragen. Nachgewiesen wurde sie (noch) nicht.

Die **Dunkle Energie** [21] wurde postuliert, um die

beobachtete *beschleunigte* Expansion des Universums zu erklären. Auch an dieser Frage beißen sich die Physiker noch die Zähne aus.

Naturkonstanten [22] sind physikalische Größen, deren Werte im ganzen Universum gelten und sich nicht beeinflussen lassen, die also von äußeren Bedingungen unabhängig sind. Beispiele sind die Lichtgeschwindigkeit im Vakuum, der absolute Nullpunkt der Temperatur, das Plancksche Wirkungsquantum, die elektrische Ladung und die Masse des Elektrons und die Gravitationskonstante. Man weiß nicht, warum ihre Werte so groß sind wie sie nun einmal sind. Man weiß nur, dass das Universum ganz anders aussehen würde, wenn ihre Werte anders wären, ja ein Universum womöglich gar nicht existent wäre.

Man hört oder liest oft den Satz: „Das werden wir vielleicht niemals wissen". Natürlich werde ich niemals wissen, was meine Großmutter dachte, als mein Großvater ihr einen Heiratsantrag machte; weil ich sie nicht mehr danach fragen kann. Natürlich kann ein Zeuge keine Aussage machen, wenn er zuvor erschossen wurde. Aber ungelöste Probleme der Natur wird man nie aufgeben zu lösen. Die menschliche Neugier würde das nicht zulassen.

Fazit: Es gibt noch viel zu tun für Physiker.

Von der Freiheit eines Atheisten-Menschen

Anlässlich meiner Loslösung von Gott hatte ich bemerkt: „Ein nicht erahntes Gefühl der Freiheit breitete sich in mir aus."
Was bedeutet es, Atheist zu sein? Zunächst ist es eine Befreiung von Denkmustern und Zwängen:

Keine Furcht mehr vor Gott,
keine religiöse Bevormundung und Gängelung,
keine kirchlichen Rituale,
kein Beten,
keine Taufe,
keine Gottesdienste,
keine jungfräuliche Geburt,
keine Auferstehung von den Toten,
keine Himmelfahrt,
kein Jenseits,
keine Hölle,
keine Erbsünde,
kein Leben nach dem Tod,
kein Jüngstes Gericht.

Das Erkennen und Erfahren, dass ein Leben ohne Gott möglich ist, ist ein tiefgreifendes intellektuelles, emotionales und existenzielles Erlebnis, geradezu eine Offenbarung, eine spirituelle Befreiung, ein Abwerfen von Ballast. Es ist nicht nur eine Befreiung von Gott, sondern auch von dem, was Gottes Priester uns erzählt haben. Also eine Befreiung von der Erbsünde, von

Himmel und Hölle, vom Leben nach dem Tod.

Das ist aber nur die eine Konsequenz, die andere ist, dass der Sinn des Lebens nicht mehr von außen vorgegeben wird. Daraus folgt die Verantwortung jedes Einzelnen für den Sinn seines Lebens, die Selbstbestimmung. Zur **Freiheit von** gehört die **Freiheit für**. Wer frei ist von Vorgaben anderer, muss selber denken, muss sein Leben selber planen, muss versuchen, das Beste aus seinem Leben zu machen. Und er muss stark sein: Bei Mutlosigkeit, Verzweiflung und Trauer hilft ihm kein Gott.

Für mich wurde immer klarer, dass ich als Dank für das mir selbst gemachte Geschenk der Freiheit etwas zurückgeben wollte: Mitzuhelfen die Welt zu verbessern, Gutes zu tun und anderen das Geschenk der Freiheit zu empfehlen.

Fazit:

Die Loslösung von Gott ist eine spirituelle Befreiung. Für mich wurde immer klarer, dass ich als Dank für das mir selbst gemachte Geschenk der Freiheit etwas zurückgeben wollte: Mitzuhelfen die Welt zu verbessern, Gutes zu tun und anderen das Geschenk der Freiheit zu empfehlen.

Mein weiteres Leben

Ich hatte dem Leser von der Bildung meines Charakters und meiner Denkweise bis zu meiner Loslösung von Gott berichtet. Was danach geschah, berichte ich in gebotener Kürze.

Ich studierte Physik an den Universitäten Hamburg und Innsbruck, bestand 1957 meine Doktorprüfung in Experimentalphysik, Theoretischer Physik und Mathematik mit *summa cum laude* (einstimmig ausgezeichnet), fand schnell eine Anstellung bei der ESSO-AG in Hamburg, war dort zuständig für die Anwendung radioaktiver Isotope in der Raffinerie und für die Beratung des Generaldirektors in Fragen der Kernenergie, heiratete Ingeborg und bekam mit ihr zwei Töchter.

Zu jener Zeit wurden unter Physik-Liebhabern Wetten abgeschlossen, was der Mensch wohl zuerst schaffen würde: Die Fahrt zum Mond, die industrielle Nutzung der Fusion („Zähmung der Wasserstoffbombe") oder die Weltformel (Vereinigung der Relativitätsgesetze mit der Quantenmechanik). Ich habe mir später, als Neil Armstrong 1969 als erster Mensch den Mond betrat, ausgemalt, wer mich wohl alles für einen Spinner gehalten hatte, als ich 1944 die Mondlandung vorhergesagt hatte, und was die Spötter wohl dachten, als 25 Jahre später wirklich ein Mensch auf dem Mond landete.

Nach 4 ½ Jahren fühlte ich mich bei der ESSO, als Physiker in einem chemischen Betrieb, der von

Kaufleuten geleitet wurde, unterfordert und bewarb mich bei EURATOM, der Atomenergiebehörde der Europäischen Gemeinschaft in Brüssel. Dort schufen wir ein Kernenergie-Informationssystem, indem wir wissenschaftlichen Veröffentlichungen Schlagwörter zuteilten, die in einem Computer gespeichert wurden und mit deren Hilfe Suchfragen formuliert werden konnten, um Dokumente zu finden, die von Wissenschaftlern gesucht wurden. Das nennt man ein schlagwortorientiertes Retrieval-System. Als wir 7 akademisch ausgebildeten „Indexierer" (Schlagwortgeber) feststellten, dass wir Jahrzehnte brauchen würden, um die weit über 1 Million vorhandenen Dokumente zu indexieren, warb ich, mit Zustimmung ihrer Professoren, 40 Physik-Doktoranden in Deutschland an und trainierte sie im Indexieren. Als das funktionierte, trainierte ich weitere 30 Akademiker in den USA. Als der Rückstand aufgearbeitet worden war und auch das Retrieval (das Wiederauffinden gesuchter Dokumente) funktionierte, „verkauften" wir das Informationssystem für einen symbolischen Dollar der Internationalen Atomenergie Agentur (IAEA) in Wien, deren Spezialisten wir in der Vervollständigung und Verwendung des Systems ausbildeten. Dort wurde es später online verfügbar gemacht und besteht noch heute. Ich war damals der offizielle Vertreter von EURATOM bei der IAEA. Ausgehend von den Erfahrungen, die wir während des Retrievals gemacht hatten, habe ich ein Verfahren (Relevance Feedback) entwickelt und an über 1 Million Dokumenten erprobt, mit dem man praktisch alle auf eine Frage zutreffenden Dokumente finden kann. Meine Veröffentlichung dieses Verfahrens (Automatic Query Adjustment in Document Retrieval, *Information Processing & Management*, Vol. 13, pp. 339-353. Pergamon Press 1977) wurde auch ins Japanische übersetzt und bisher 250mal im Internet zitiert. Und ich wurde nach Mailand eingeladen, um Lehrer von Informations-Spezialisten aus ganz Europa im Information Retrieval zu unterrichten, zusammen mit Gerard Salton, der damals Weltspitze in der Theorie des Relevance Feedback war, während ich diese Position als praktischer Anwender hatte.

Nach Abgabe unseres Informationssystems an die IAEA waren wir frei für drei neue Programme: Zusammen mit den europäischen Postverwaltungen schufen wir EURONET, ein elektronisches Informationsnetz, über das man online auf unser Informationssystem und andere zugreifen konnte, um die bibliografischen Angaben gesuchter Dokumente zu finden. EURONET war ein Vorläufer des Internet. Zweitens schufen wir die Voraussetzungen und Standards für die elektronische Lieferung vollständiger Dokumente, die man zuvor mittels der elektronischen Informationssysteme identifiziert hatte. Diese Arbeiten umfassten auch die Zusammenarbeit mit der Europäischen Weltraumbehörde (ESA) für die Lieferung von Dokumenten mittels Satelliten. Drittens finanzierten wir Projekte der elektronischen Informationstechnologien, an denen mindestens zwei Mitgliedstaaten der Europäischen Gemeinschaft beteiligt waren, mit dem Ziel, dass alle

Mitgliedstaaten der Gemeinschaft auf den gleichen technologischen Entwicklungsstand gebracht werden. Während meine Position an der Weltspitze des engen Spezialgebiets *Relevance Feedback* nur meinem Selbstwertgefühl zugutekam, hatten die gerade genannten 3 Programme erhebliche Auswirkungen auf die Infrastruktur der Informationsvermittlung in den Mitgliedsländern der Europäischen Union und damit indirekt auf ein höheres Handelsvolumen und schließlich auf das Wohlergehen der Bürger der EU.

Im Vollzug meiner Aufgaben habe ich 72 wissenschaftlich-technische Veröffentlichungen publiziert und war in allen Hauptstädten der Europäischen Gemeinschaft, außer-dem in der Türkei, in Israel, mehrfach in den USA, in Kanada und China. Mit 59 Lebensjahren und 25 Jahren im Dienst der EU war ich einem Burnout nahe und nutzte das Angebot einer vorzeitigen Pensionierung gelegentlich des Beitritts Spaniens und Portugals in die EU, auf diese Weise platzmachend für Beamte aus den Beitrittsländern. Unmittelbar nach meiner Pensionierung gründete ich eine Beratungsfirma („Information Services Consultants GmbH") und beriet Firmen in der Anwendung von Informations-Technologien, z.B. für das elektronische Buch. Von den Erlösen machte ich mit meiner Frau Reisen nach Abu Simbel und den Nil abwärts bis Kairo, sowie eine Safari in Tansania und Kenia, auf der ich Videos machte, die ich auf YouTube hochlud, von denen eines („Lions in Love") mehr als 6 Millionen Mal angeklickt wurde.

Vielleicht interessiert den Leser, was aus meinen Klassenkameraden geworden ist. Klaus, der im *Faust* den Mephisto gespielt hatte, hieß mit Nachnamen Höhne, wurde Bühnenschauspieler und bekannt als Tatort-Kommissar. Gerd, der Deutsch-Klassenprimus, der den Faust gespielt hatte, studierte Jura und wurde Vorsitzender eines Senats am Oberlandesgericht Hamburg, Walter, der den Schüler gespielt hatte, wurde Generalbevollmächtigter einer der großen Erdölfirmen in Deutschland, mein Freund Dieter studierte Physik wie ich und wurde Professor für Theoretische Physik an einer Universität in New Jersey, USA, einer wurde Chef aller Filialen der Hamburger Sparkasse, einer wurde Professor an einer Musikhochschule, andere wurden Rechtsanwälte oder Ärzte; keiner wurde Politiker.
Die meisten machten also Karriere. Wir waren die sogenannte Flakhelfergeneration.

Wirkung von Religionen

Ohne Zweifel haben Religionen Gutes bewirkt. Neben dem schon erwähnten evolutionären Vorteil der Festigung der Horden-Gemeinschaft und der Bekräftigung ethischer Normen haben Religionen Gesellschaften zivilisiert, indem sie z.B. die Blutrache durch Verhandlungen und Entschädigungen ersetzten. Und Künstler, nicht zuletzt Architekten, haben sich durch Religionen inspirieren lassen und noch heute faszinierende Werke geschaffen. Und Gläubige haben einen Halt gefunden in ihrem Vertrauen auf Gott und dem Versprechen (Lukas 2, 14) „Friede auf Erden bei den Menschen seines Wohlgefallens." Andererseits haben Religionen unsägliches Leid verbreitet. Das Christentum muss hier als Beispiel herhalten:
Zwangsmissionierungen, Verfolgung Andersgläubiger, nicht selten bis zum Scheiterhaufen, Heilige Kriege, Inquisition, Hexenver-brennungen und Behinderung der Aufklärung und des Fortschritts.
Viele Religionen geben vor, tolerant zu sein. Leider gibt es Gegenbeispiele:

Juden:
Samuel sprach zu Saul: Der HERR hat mich gesandt, dass ich dich zum König salben sollte über sein Volk Israel; so höre nun auf die Worte des HERRN! So spricht der HERR Zebaoth: Ich habe bedacht, was Amalek Israel angetan und wie es ihm den Weg verlegt hat, als Israel aus Ägypten zog. So zieh nun hin und schlag Amalek. Und

vollstreck den Bann an allem, was es hat; verschone sie nicht, sondern töte Mann und Frau, Kinder und Säuglinge, Rinder und Schafe, Kamele und Esel (1. Samuel 15,3). Amalek ist ein Volk, das sich mit den Israeliten um Land stritt.

Christen:
In jener Zeit erschien Jesus den Elf und sprach zu ihnen (seinen Jüngern): Geht hinaus in die ganze Welt und verkündet das Evangelium allen Geschöpfen! Wer glaubt und sich taufen lässt, wird gerettet; wer aber nicht glaubt, wird verdammt werden (Markus 16,15).

Muslime:
Sag zu denen, die ungläubig sind: Wenn sie aufhören, wird ihnen vergeben, was bereits vergangen ist. Wenn sie aber (dazu) zurückkehren, – so hat sich schon die Gesetzmäßigkeit an den Früheren vollzogen. Und kämpft gegen sie, bis es keine Verfolgung mehr gibt und (bis) die Religion gänzlich Allahs ist. (Koran, Sure 8, 38 und 39)
„Und wenn nun die heiligen Monate abgelaufen sind, dann tötet die Heiden, wo immer ihr sie findet." (Koran, Sure 9, 5)

Es genügt, dass es derartige Textstellen gibt, um Fanatiker zu ermutigen, im Namen der Religion zu töten. Allerdings missionieren die Juden nicht, die Christen und Muslime dagegen eifrig. Also dann doch lieber der Buddhismus? Buddhisten haben zwar keine Götter, glauben aber an die Wiedergeburt. Und daran glaub ich nun wirklich nicht.

Kein Mensch wird als Atheist geboren, so wie auch kein Mensch als Jude, Christ, Moslem oder sonstiger Religions-anhänger geboren wird. Und es ist auch nicht so, dass der Mensch vor einem Regal steht und sich eine Religion aussuchen kann. Kinder übernehmen üblicherweise die Religion der Eltern, durch Vorbild und Belehrung. Deshalb kann es Weltkarten geben, in denen die verschiedenen Religionszugehörigkeiten in verschiedenen Farben dargestellt werden. In Deutschland und anderen europäischen Ländern treten ständig mehr Menschen aus den christlichen Kirchen aus als eintreten. Folglich werden auch immer weniger Kinder durch Vorbild und Belehrung dem Christentum zugeführt. Als Konsequenz reduzieren sich die christlichen Kirchen womöglich bis hin zu Sekten. Zu Sekten immer noch öffentlichen Rechts? Auch die Anzahl junger Leute, die den Priesterberuf anstreben, vermindert sich deutlich. Um diese Entwicklung aufzuhalten, diskutieren deutsche Bischöfe, aus vatikanischer Sicht wohl verzweifelt, die Abschaffung des Zölibats und die Zulassung von Frauen zum Priesteramt. Andererseits sollten wir nicht vergessen:

Die Juden haben, gemessen an ihrer Anzahl in der Welt, einen überwältigenden Anteil an der kulturellen einschließlich der wissenschaftlichen Entwicklung der Welt gehabt.

Die Moslems haben vor 1.000 Jahren eine Hochblüte erlebt, die das gesamte Abendland befruchtet hat. Leider haben sie die Aufklärung verschlafen.

Das Christentum hat die Menschen zivilisiert und unermessliche kulturelle Leistungen erbracht.

Die von den Menschen erfundenen Religionen wurden erdacht, damit die Menschen gut miteinander auskommen können. Sie sind also ein Instrument. Um dieses Instrument zu schärfen, wurden einige Religionen als alleinseligmachend erklärt, verbunden mit dem Auftrag, alle Menschen mit der Religion zu beglücken. Aus diesem Auftrag erwuchsen Zwangsmissionen, Ketzerverbrennungen und Religionskriege.

Religionen sind Stufen in der Menschheitsgeschichte. Beim Übergang von einer Stufe zur nächsten werden Elemente der älteren Religion in die neue Religion mitgenommen, gewissermaßen vererbt. Dazu gehören auch Tugenden. Mir scheint, dass beim Übergang von der heidnischen zur christlichen Religion Tugenden wie Ehrlichkeit und Treue mitgenommen wurden. So können beim Übergang zur Gottlosigkeit auch die Haupttugenden des Christentums und des Islams, nämlich Liebe, insbesondere die Nächstenliebe, und Barmherzigkeit, mitgenommen werden.

Fazit: Die Religionen haben Positives und Negatives hervorgebracht. Sie sind Stufen in der Entwicklung der Menschheit. So wie es kein *Ende der Geschichte* gibt, gibt es kein *Siegel der Propheten*. Neue Erkenntnisse schaffen neue Werte und folglich neue Bekenntnisse (Konfessionen) zu diesen Werten.

Alleinseligmachend und *missionieren* haben sich nicht

bewährt; sie wurden von der Geschichte abgestraft, weil sie einen allgemeinen Frieden behindern.
Beim Übergang zur Gottlosigkeit können Tugenden wie Liebe und Barmherzigkeit mitgenommen werden.

Erbsünde

Wenn es wirklich so gedacht war, dass Adam und Eva verbotenerweise eine Frucht vom Baum der Erkenntnis aßen, sich danach paarten, dadurch eine Erbsünde begingen, deshalb von Gott aus dem Paradies vertrieben wurden und die Erbsünde an alle Nachkommen weitergaben, dann ist dieser Gedanke eine ungeheure, bodenlose Gemeinheit.

Gönnt Gott den Menschen das Paradies nur, solange sie dumm sind?

Warum zäunt er den Baum der Erkenntnis nicht ein? Will er Adam und Eva versuchen?

Warum stattet er die Menschen mit Neugier aus und bestraft deren Anwendung?

Warum genügt es nicht, dass die Menschen nach ihrer Vertreibung aus dem Paradies „im Schweiße ihres Angesichts ihr Brot verdienen müssen"? Warum auch noch die Erbsünde?

Von Jesus gibt es dazu kein Wort. Der Bösewicht, der Erfinder der Erbsünde, war Paulus. Er ist auch der Haupturheber der illiberalen Sexualmoral der christlichen Kirchen.

Fazit: Annulliert die Erbsünde!

Vertuschungen

Das Wort Vertuschung wird heute oft im Zusammenhang mit sexuellem Missbrauch verwendet. Eine Kultur der Vertuschungen gibt es in der Kirche aber schon sehr viel länger. Franz Alt moniert in einem Beitrag für DIE ZEIT vom 3. Januar 2019, dass bei der Übersetzung der Evangelien vom Aramäischen ins Griechische (der damaligen „Weltsprache") sinnentstellende Fehler gemacht wurden. Franz Alt bezieht sich dabei auf den evangelischen Theologen und Pastor Günther Schwarz (1928 bis 2009), der von aramäischen Texten Ausging; denn Jesus sprach aramäisch. Ich zitiere aus Franz Alts ZEIT-Beitrag:

In Matthäus 10,34 soll Jesus gesagt haben: „Ich bin nicht gekommen, um Frieden zu bringen, sondern das Schwert." So steht es in 4,5 Milliarden Bibeln der Welt. Doch aus dem Aramäischen übersetzt Schwarz: „Ich bin nicht gekommen, um Kompromisse zu machen, sondern um Streitgespräche zu führen." Das passt zu Jesu Lehre der Gewaltfreiheit. Zu den folgenschwersten Abweichungen der „griechischen Bibel" vom aramäischen Original gehört wohl die berühmte Stelle über den Apostel Petrus: Er sei der Fels, auf den der Herr seine Kirche baue. Doch auf Aramäisch berichtet der Evangelist Matthäus, Gott habe dieses Wort direkt an Jesus gerichtet: „Dies ist er, mein Sohn, mein Einzigartiger, Er, an dem mein Selbst Wohlgefallen hat. Gehorcht ihm! Denn er ist der Fels, auf diesen Felsen werde ich meinen Tempel bauen. Ihm werde ich die

Schlüssel geben zur Himmelsherrschaft. Wem er zuschließen wird – ihm soll zugeschlossen sein. Und wem er aufschließen wird – ihm soll aufgeschlossen sein." Aus einem Gotteswort an Jesus wurde also ein Jesus-Wort an Petrus gemacht, auf dem dann das Papsttum aufbaute. Somit fußt die ganze Kirche auf einer Fälschung. Selbst Papst Franziskus scheint das erkannt zu haben; er erklärte am 22. Februar 2018, nicht Petrus sei der „Fels", sondern Jesus. Soweit Franz Alt [23].

Mir kann keiner weismachen, dass es in der zweitausendjährigen Geschichte des Christentums niemanden gegeben hat, der von der korrekten Interpretation der Jesus-Worte wusste. Die Wahrheit wurde im Interesse der Lehre vertuscht, so wie auch die Existenz weiterer Evangelien und die Tatsache, dass die „Jungfrau" Maria mehrere Kinder hatte und Maria Magdalena die Gefährtin von Jesus war und nicht eine Sünderin oder gar eine Prostituierte, sondern ein Apostel wie die anderen. Die heutzutage vertuschenden Bischöfe handeln also in einer langen Tradition.

Wurden die Evangelien vielleicht im Geiste der „Verherrlichung" aufgezeichnet und die Übersetzung ins Griechische erst recht?

Fazit: Kirchliche Vertuschungen haben Tradition.

Missbrauch

Zum Abschluss der Bischofskonferenz, die sich Ende Februar 2019 mit dem Missbrauch in der katholischen Kirche befasste, sagte Papst Franziskus: „Missbrauch durch Kleriker ist, wenn eine gottgeweihte Person zum Werkzeug Satans wird" [29]. Er nimmt also den Priester in Schutz und erklärt den Teufel für schuldig. Das ist nicht nur eine neue Variante der Vertuschung, sondern so mittelalterlich als würde er sagen, die Sonne dreht sich um die Erde.

Der Papst wehrt sich gegen zu heftige Kritik: „Die Mängel der Kirche müssen angeprangert werden, um sie zu beheben. Doch diejenigen, die dies ohne Liebe tun und ihr Leben damit verbringen anzuklagen, sind Freunde oder Verwandte des Teufels" [30]. Sind also Journalisten, die aufdecken, Staatsanwälte, die anklagen, und Richter, die verurteilen, Enkel des Teufels? Wie kann ein erwachsener *Homo Sapiens* des 21. Jahrhunderts noch an den Teufel glauben? Missbrauchte Kinder leiden lebenslang unter dem Trauma des Missbrauchs. Sie müssen mit aller Macht vor Missbrauch geschützt werden, auch und gerade vor dem Klerus, der Moral definiert und einfordert, sich aber als unmoralisch, als Moloch, erwiesen hat, als eine Kinder verschlingende Macht, als ein Ungeheuer, das ständig und unerbittlich Opfer fordert. Da hilft auch kein Hinweis, dass nur wenige Geistliche schuldig wurden. Die unschuldigen

Amtsbrüder hätten das Treiben der Schuldigen verhindern müssen, statt es zu vertuschen. Sie haben sich dadurch mitschuldig gemacht. Der Glaube an Jesus und seine Lehre mag überdauern, sich vielleicht sogar auf seinen Ursprung besinnen; aber die Institution Kirche, die ihren Heiligenschein verloren hat, sollte den Anstand haben, sich aufzulösen. Das wird sie nicht tun, weil sie Macht, Einfluss und Privilegien nicht hergeben möchte. Aber wer weiß? Die riesige und mächtige Institution Sowjetunion hat sich aufgelöst, und das Römische Reich gibt es auch nicht mehr.

Es ist an der Zeit, diese Stufe (der Institution christliche Kirche) zu überwinden und in ein neues Zeitalter aufzubrechen.

Fazit: Der Klerus zielt auf den eigenen Untergang.

Islam

Der Islam ist auf den ersten Blick eine sympathische Religion. Er erkennt Moses und Jesus als Propheten an, Jesus allerdings nicht als Gott und Gottes Sohn. Statt Gott haben die Muslime ihren Allah mit weitgehend den gleichen Eigenschaften, z.B. die Allmacht.
Als ich in Jerusalem war, habe ich den Felsendom besucht und stand vor dem Stein, der eine Vertiefung hat, die angeblich der Hufabdruck des Pferdes ist, auf dem Mohammed in den Himmel ritt. Auch das glaub ich einfach nicht.

Der Islamkritiker Hamed Abdel-Samad hat einen Beitrag für DIE ZEIT geschrieben, auf den ich ihm wie folgt geantwortet habe:

Sehr geehrter Herr Abdel-Samad,
ich habe ihren Beitrag *Urteile selbst!* in der ZEIT vom 6. Oktober 2016 gelesen und Ihre Worte in der Sendung von Markus Lanz gehört.
Sie "möchten dazu aufrufen, die widersprüchlichen Passagen des Korans in den Kontext ihrer Entstehung zu setzen". Und Sie fragen "Was tun?
Für Ihr Vorhaben wäre es sinnvoll, zunächst die Suren des Korans entsprechend ihrer Entstehung, also chronologisch, zu ordnen. Das zu tun, möchte ich anregen.
Dass der Kalif 'Uthman die auf Ziegenhäute geschriebenen Suren nach ihrer Länge ordnen ließ, mag

logistische Gründe gehabt haben. Eine andere Reihenfolge würde deren heiligen Charakter nicht verletzen. Im Gegenteil: Wenn es so ist, "dass der Koran dem Propheten Mohammed direkt von Allah, durch den Erzengel Gabriel offenbart wurde", dann muss man annehmen, dass Allah nicht nur den Wortlaut der Suren, sondern auch die zeitliche Abfolge ihrer Offenbarung bedacht hat. Die chronologische kann also nur die gottgewollte, authentische Anordnung sein. Natürlich sei `Uthman Dank, dass er die Suren überhaupt aufschreiben ließ.

Für viele mag die chronologische Anordnung der Suren unwichtig sein. Für viele kann es aber ein Zeichen sein, dass „doch etwas geht" im Islam, ein winziger Schritt auf dem Weg zu einer neuen Lesart des Korans und deshalb womöglich vergleichbar in ihrer Bedeutung mit Luthers Bibelübersetzung.

Ich bin zwar getauft, aber nach reiflicher Überlegung Atheist geworden. Sie werden sich wundern, wieso ein Atheist Ihnen eine Anregung in Sachen Koran vermitteln möchte: Weil ich darauf hoffe, dass die derzeitige fanatische Phase des Islams ebenso überwunden werden kann wie die christliche vor Jahrhunderten. Mit der chronologischen Ordnung der Suren können Sie „den Koran vom Sockel der Unantastbarkeit herunterholen" (wie Sie selber schrieben)!

Sollte Ihnen, sehr verehrter Herr Abdel-Samad, diese Aufgabe zu groß erscheinen, finden Sie vielleicht Mitstreiter, vielleicht Prof. Mouhanad Khorchide, den Sie ja kennen?

Mit freundlichen Grüßen,
Ihr Carlo Vernimb,

Abdel-Samad hat mir nicht geantwortet. Vielleicht arbeitet er ja an der chronologischen Ordnung des Korans. Sein Anliegen macht deshalb Sinn, weil sich die Suren in ihrer Diktion unterscheiden. Die frühen Suren sind versöhnlich und handeln von Barmherzigkeit, die späteren sind unversöhnlicher, insbesondere gegenüber Andersgläubigen. Sie entstanden zu einer Zeit, als Mohammed Kriegsherr, manche sagen Räuberhauptmann, war und seinen Lebensunterhalt durch Beutezüge bestritten haben soll.

Dem Islam ist zu wünschen, dass er eine ähnliche Entwicklung durchmacht wie die christlichen Kirchen, eine Reformation, beruhend auf den Werten der Aufklärung. Dafür muss man ihm Zeit lassen. Warum soll man nicht hoffen, dass sich unter den 15 Millionen Muslimen in der EU Kräfte befinden, die eine eigenständige geistige Kraft zur Reform aufbringen? Es gibt schon mehrere Spielarten des Islam, nicht nur Schiiten, Sunniten und Wahhabiten. Warum nicht auch „Europiten", die das Grundgesetz, bzw. die Verfassung des europäischen Landes, in dem sie ansässig sind, nicht nur respektieren, sondern auch annehmen?
Fazit: Mit dem Islam müssen wir Geduld haben.

Würde

Der Leser wird sich daran erinnern, welche Mühe ich

hatte, eine Definition für Gott zu finden. Im online-Lexikon Wikipedia heißt es: „Würde bezeichnet zumeist einen moralischen oder allgemein in einer Werthierarchie hohen Rang." Auch von „innerer Ehre" ist die Rede. Das erfasst meiner Ansicht nach nicht die Würde, wie sie im deutschen Grundgesetz („Die Würde des Menschen ist unantastbar") gemeint war.

Wir Menschen sind nicht mehr der Mittelpunkt der Welt, wir sind nicht die Krone der Schöpfung, wir müssen sogar damit rechnen, dass kein höheres Wesen unserem Leben einen Sinn gibt. Wessen können wir denn überhaupt noch gewiss sein? Auf der Suche nach einem Halt und einem Sinn des Lebens sollten wir ganz nüchtern vorgehen, ohne Zuhilfenahme übersinnlicher Phänomene.
Nun gut, es gibt unseren Planeten, es gibt die Natur, es gibt uns Menschen. Der Halt, den wir suchen, muss irgendwie mit uns zu tun haben. Denn es sind ja wir, die etwas für uns Grundlegendes suchen. Was zeichnet uns aus? Wir existieren, haben Eigenschaften, Persönlichkeit, Charakter, Fähigkeiten, Erfahrungen, Überzeugungen, Erinnerungen, die in genau derselben Kombination kein anderer hat. Jeder Mensch ist einzigartig, ist ein Original. Das macht ihn wertvoll. Ist der Wert des Menschen das, was wir suchten? Aber der Wert allein kann es noch nicht sein. Es muss etwas mit dem Verhältnis zu anderen Menschen zu tun haben; schließlich lebt der Mensch normalerweise in Gemeinschaft mit anderen Menschen. Vielleicht gibt es gar keinen Begriff für das, was wir

suchen? Oder doch: Versuchen wir es mit der Würde und definieren:
Die Würde des Menschen ist begründet in seiner Einzigartigkeit; d.h. in der Tatsache, dass er existiert, dass er besondere körperliche Merkmale, Eigenschaften, Charakterzüge, Fähigkeiten, Erfahrungen, Überzeugungen und Erinnerungen hat, die genauso kein anderer hat. Selbst eineiige Zwillinge unterscheiden sich in ihren Erfahrungen, Überzeugungen und Erinnerungen und der Tatsache, dass der eine Zwilling vor dem anderen geboren wurde. In meiner Schulklasse gab es Zwillinge, Curt und Otto. Otto fiel im Krieg, Curt gründete eine Familie und hatte zwei Kinder.
Aus der Definition folgt: Jeder Mensch hat Würde.
Spötter mögen einwenden, diese Definition könne auf alle Lebewesen angewendet werden. Nun, die Entscheidung, ob sie auch für Hauskatzen, Gorillas, Elefanten, Seesterne oder Bakterien zutrifft, überlasse ich gern jedem Einzelnen.
Fazit: Die Würde des Menschen ist begründet in seiner Einzigartigkeit.

Angst

Manche Menschen klammern sich an die Religion, weil sie Ängste haben. Angst ist ein angeborener Schutzmecha-nismus, der das Überleben oder die Unversehrtheit sichern soll. Der Anblick eines Raubtiers oder auch nur ein Rascheln im Gebüsch kann Angst auslösen. Körperliche Symptome der Angst sind erhöhte Aufmerksamkeit, geweitete Pupillen, empfindlichere Seh- und Hörnerven, erhöhte Muskelanspannung und Reaktionsgeschwin-digkeit, erhöhte Herzfrequenz, erhöhter Blutdruck, flache, schnelle Atmung, Schwitzen, Zittern und Schwindelgefühl. Diese Symptome sind normale (also nicht krankhafte) physiologische Reaktionen. Sie bereiten ein Lebewesen auf eine Kampf- oder Fluchtsituation vor. Die Symptome verschwinden in den allermeisten Fällen, sobald erkannt wird, dass eine Gefahr nicht mehr besteht.

Eine Phobie dagegen ist eine krankhafte, unbegründete und anhaltende Angst vor Situationen, Gegenständen, Tätigkeiten oder Personen, z.B. Spinnenphobie, Wasserscheu, Angst vor Gewitter, vor Dunkelheit, Höhenangst und Platzangst. Phobien lassen sich mit guten Erfolgsaussichten therapieren. Manche Phobien beruhen auf Erlebnissen in der Jugend – und auf Erziehungsfehlern. Wer sich in einem Gebäude befindet und einen geeigneten Blitzableiter hat, muss keine Angst vor Gewittern haben. Ich bin jedes Mal bei Gewitter mit meinen kleinen Töchtern ans Fenster gegangen und habe begeistert gesagt: „Schaut doch mal diese schönen

Blitze, welche phantastischen Formen sie haben; und dann der Donner, wie ein gewaltiger Trommelwirbel!" Meine Töchter haben bis heute keine Angst vor Gewittern, und ihre Kinder auch nicht. Allerdings gab es einen unbeabsichtigten Effekt: Ich war eines Nachts todmüde ins Bett gefallen, als mich die ältere unserer beiden Töchter weckte „Vati, Vati, du musst aufstehen, draußen ist ein herrliches Gewitter."

Angst, Trauer, Verzweiflung, Einsamkeit sind starke Gefühle. Religionen versuchen durch Trost, Ermutigung, Sinngebung diese Gefühle zu mildern. Eltern, Freunde oder Psychotherapeuten könnten im Prinzip das gleiche leisten.

Angst vor Krankheiten kann nützlich sein. Übersteigerte Angst vor Krankheiten (Hypochondrie) ist therapierbar. Bei Existenzangst, insbesondere der Angst um den Verlust beruflicher Einkünfte und dem daraus resultierenden Unvermögen, sich selbst und, gegebenenfalls die Familie, zu ernähren, kann der Gedanke an Gott allenfalls Hoffnung, also Schutz vor Verzweiflung, schenken. Letztendlich muss aber jeder selbst seine Zukunft in die Hand nehmen („Hilf dir selbst, dann hilft dir Gott").

Die Angst, dass man eines Tages sterben muss, ist eine Phobie, die therapiert werden kann. Viele Religionen bieten eine Therapie, eine Hoffnung, an, indem sie eine Wiedergeburt, ein Leben nach dem Tode, ein Paradies oder gar die Unsterblichkeit in Aussicht stellen. Wer aber die Unausweichlichkeit des Todes als Ende des Lebens akzeptiert, kann sich an Epikur halten: "Das schauerlichste Übel, der Tod, hat keine Bedeutung für uns; denn solange wir da sind, ist der Tod nicht da, wenn aber der Tod da ist, dann sind wir nicht da."

Ich habe keine Angst vor dem Sterben. Allerdings würde ich nicht so gern ersticken, sondern sanft sterben wie meine krebskranke Frau, mit der ich 59 Jahre lang glücklich verheiratet war. Am Ende hörte sie im Schlummer einfach auf zu atmen. Ich bemühe mich, einen positiven Fußabdruck auf unserem Planeten zu hinterlassen. Aber wenn ich tot bin, bin ich tot und lebe höchstens in der Erinnerung der Nachwelt.

Fazit:

Habt keine Angst vor der Angst!

Ich bemühe mich, einen positiven Fußabdruck auf unserem Planeten zu hinterlassen. Aber wenn ich tot bin, bin ich tot und lebe höchstens in der Erinnerung der Nachwelt.

„Einsprüche"

Eingedenk meines Versprechens, mitzuhelfen die Welt zu verbessern, Gutes zu tun und anderen das Geschenk der Freiheit zu empfehlen, habe ich mich an öffentlichen Diskussionen beteiligt, meistens in Form von Leserbriefen (in chronologischer Folge) an das Wochenblatt DIE ZEIT.

Das Problem der Atheisten ist, dass sie kein Forum haben und dass sie zögern, sich zu organisieren. Sie sind froh, endlich frei von Zwängen zu sein und wollen sich nicht neuen Zwängen unterwerfen. Ich versuche mit den Leserbriefen, die ZEIT als Forum zu nutzen. Das ist natürlich nur ein Tropfen auf den heißen Stein.

1. Hawkings Knall

Der Schriftsteller Golo Mann veröffentlichte im März 1989 im Wochenblatt DIE ZEIT (Nr. 6 Seite 57) eine Kritik mit dem Titel „Hawkings Knall" am Bestseller „Eine kurze Geschichte der Zeit" des Physikers und Kosmologen Stephen Hawkings.

Golo Mann schreibt: „Vielleicht muss man seit mehr als 60 Jahren weder Mathematik noch Astrophysik getrieben haben, um mit ungeübten Augen die wunderlichen Widersprüche in Hawkings Buch zu entdecken... Er setzt den „Urknall" als unbezweifelbare Tatsache voraus. Mit ihm begann die Zeit. Vorher war keine." und etwas später „Nun gibt es ein paar primitive aber deswegen nicht falsche Grundwahrheiten, von der mittelalterlichen Scholastik her. Eine davon ist, dass das, was immer geschieht, eine Ursache haben muss; ganz von alleine geschieht nun einmal nichts: *Ex nihilo nihil fit.* Es muss also der *big bang* sich irgendwie vorbereitet haben."

Mein Leserbrief an DIE ZEIT lautete:
Golo Mann, der arme Tor.
Wenn Golo Mann, nach der Lektüre von Stephen Hawkings "Eine kurze Geschichte der Zeit" bekennt: Da steh ich nun, ich armer Tor, und bin so klug als wie zuvor! dann liegt das daran, dass er versucht, mittelalterliche Erkenntnisse gegen die Erkenntnisse der Physik dieses Jahrhunderts ins Feld zu führen. Zwar gilt die von ihm angeführte scholastische "Grundwahrheit" ("was immer geschieht, muss eine Ursache haben") in allen Fragen des praktischen Lebens und auch für fast alle Bereiche der Wissenschaften, aber eben nicht uneingeschränkt im sub-atomaren Bereich. Hier gilt die Quantenmechanik mit der von Heisenberg und anderen begründeten Unschärfe-relation.
Nach dem heutigen Erkenntnisstand gibt es zwei kosmologische Phänomene, bei denen die Quantenmechanik gilt: Schwarze Löcher und der Urknall, den Hawking übrigens nicht beansprucht, erfunden zu haben. Sein Verdienst ist es, die Quantenmechanik auf die Gravitation angewendet, sie also mit der Allgemeinen Relativitäts-theorie in Verbindung gebracht und so neue Erkenntnisse gewonnen zu haben, z.B. die, dass die schwarzen Löcher nicht ganz schwarz sind. Solche Erkenntnisse kann man nun einmal nicht gewinnen, wenn man das mathematische Rüstzeug beider Theorien

nicht beherrscht.

Niemand verlangt, dass selbst Denker wie Golo Mann sich dieses Rüstzeug erarbeiten. Aber es erstaunt immer wieder, mit welchem Mut sich Philosophen aufs Glatteis wagen und Stellung nehmen zu Problemen, die sie nicht ganz verstanden haben, und das unter Berufung auf Wahrheiten, die zwar dem gesunden Menschenverstand einleuchten aber doch nicht gültiger werden, indem man sie Grundwahrheiten nennt oder lateinisch zitiert.

Wenn jemand Golo Manns (lesenswerte) Analysen der Zeitgeschichte kritisierte und dabei geschichtliche Fakten durcheinanderbrächte, müsste er sich gefallen lassen, ein Tor gescholten zu werden. Von Golo Mann hätte ich mir gewünscht, dass er das anthropische Prinzip ("Das beobachtbare Universum ist nur deshalb beobachtbar, weil es alle Eigenschaften hat, die dem Beobachter ein Leben ermöglichen"), das Hawking für seine Schlussfolgerungen heranzieht und das man ohne Kenntnisse der Quantenmechanik verstehen kann, kritisch unter die Lupe genommen hätte.

Ich jedenfalls kann, nach der Lektüre der "kurzen Geschichte der Zeit", seiner Meinung nicht zustimmen, dass Hawking einen Knall hat. Eher passte auf Golo Mann das Zitat "Hätte er geschwiegen, hätte man ihn für einen Philosophen halten können". Er muss hier natürlich herhalten für all die anderen, die offenbar gar nicht wissen, wie sie sich blamieren, wenn sie ihre alten Denkmuster auf Phänomene anwenden, für die sie nicht passen.

Carlo Vernimb

2. Ethik ohne Gott

Unter diesem Titel hat Philip Kitcher in einem Beitrag für DIE ZEIT Nr. 38 von 2006 darauf hingewiesen, dass Affenhorden Regeln haben und empathische Verhaltensweisen erkennen lassen, ohne dass ein Gott dafür erforderlich wäre, und dass er deshalb auch für Menschen für eine Ethik ohne Gott plädiere. In der nächsten Ausgabe der ZEIT antwortete Eckhard Nordhofen darauf, dass es eine Ethik ohne Gott nicht geben könne.

Philip Kitcher ist ein britischer Wissenschaftsphilosoph. Sein Schwerpunkt ist die Evolution der Ethik („Die erfolgreichsten Verhaltensweisen in unserer vieltausendjährigen Geschichte überleben in unseren Werten").

Eckhard Nordhofen ist ein deutscher Philosoph und Theologe sowie ehemaliger Kulturdezernent des Bistums Limburg.

Mein Leserbrief an DIE ZEIT lautete:
Eckhard Nordhofens Antwort auf Philip Kitchers Plädoyer für eine Ethik ohne Gott liest sich zunächst wie eine Zustimmung: Nordhofen widerspricht nicht der Anregung Kitchers, die Wertedebatte ohne Bezugnahme auf die Religion zu führen. Dann tritt bei Nordhofen aber doch unversehens Gott auf; nämlich in der Definition des Ethos als „die durch Gebrauch der Vernunft und die göttlichen Gesetze verbindlich gemachte Steuerung der Handlungen des Einzelnen in der Gemeinschaft". Welche göttlichen Gesetze Nordhofen meint, sagt er nicht (die

10 Gebote?). Ergänzen die göttlichen Gesetze den Gebrauch der Vernunft? Oder wird der Gebrauch der Vernunft mit Hilfe der göttlichen Gesetze verbindlich gemacht?

Der Rest der Replik will uns sagen, dass eine Ethik ohne Gott nicht ausreicht. Aber die Argumente überzeugen nicht. Allerdings ist folgender Punkt überlegenswert: Nordhofen fordert, dass die ethischen Werte nicht „selbstgemacht" sein dürfen.

Auf dem etwa 7 Millionen Jahre währenden Weg vom Vormenschen zum Menschen sind etliche Arten entstanden, die teilweise sehr erfolgreich waren – homo erectus hat sich von Afrika aus über fast die ganze Erde verbreitet -, aber sie sind, bis auf uns, den homo sapiens, alle ausgestorben. Arten sind gefährdet. Der homo sapiens war anfangs sehr gefährdet. Die Gefahr verringerte sich beträchtlich als konkurrierende Arten ausstarben. Heute ist die Gefahr wieder größer, wegen der Kernwaffen und wegen unseres Umgangs mit der Umwelt.

Wenn es einen Wert gibt, der nicht „selbstgemacht" ist, dann doch wohl der Erhalt und die Fortentwicklung unserer Art. Alle anderen ethischen Werte, die während der Menschheitsentwicklung gebildet wurden, können durch Vernunft weiterentwickelt werden und sollten dem Wert der Erhaltung der Menschheit untergeordnet werden.

In diesem Sinn sollten wir die zuvor erwähnte Definition des Ethos erweitern. Sie sollte nicht nur für „Handlungen des Einzelnen in der Gemeinschaft" gelten, sondern

auch für Gruppen von Menschen gegenüber anderen Gruppen von Menschen – und für die Menschheit gegenüber anderen Lebewesen.
Die Fragen „Woher kommen wir?" und „Was ist die Welt?" sollten die Wissenschaften beantworten.
In der Frage „Wie meistern wir die Zukunft?" sollte uns die Ethik helfen.
In beiden Bereichen, Wissenschaften und Ethik, sollte uns die Vernunft leiten.
Gott ist dabei entbehrlich.
Und in der Frage „Wie meistern wir gemeinsam, als Menschheit, die Zukunft?" ist eine Bezugnahme auf „Heilige Schriften" eher hinderlich.
Carlo Vernimb

3. Tödliche Gebote
Unter dem Titel *Wir brauchen eine Aids-Theologie für Afrika. Ein klares Wort des Papstes könnte Millionen Leben retten* publizierte STEFAN HIPPLER [katholischer Priester in Kapstadt] einen Beitrag für DIE ZEIT vom 9. August 2007, in dem es um die Verwendung von Kondomen zum Schutz gegen AIDS geht und um das Verbot des Vatikans ihrer Verwendung:
Als der neue Papst [Benedikt XVI] *erstmals eine Delegation von Bischöfen aus dem südlichen Afrika empfing, teilte er deren »tiefe Sorge über die durch Aids verursachte Zerstörung«. Aber die Tragweite der Tragödie wird offenbar immer noch unterschätzt. Denn der Pontifex bekräftigte bei diesem Treffen, dass Keuschheit und Treue den »einzig sicheren Weg« weisen,*

um der Ausbreitung der Seuche vorzubeugen.
Während in der Zentrale [Vatikan] uneingestandene Ratlosigkeit herrscht, müssen wir an der Peripherie erkennen, dass die Gebote der kirchlichen Sexualmoral für jene Menschen, die sie strikt befolgen, einem Todesurteil gleichkommen können. Das gilt hier in Afrika vor allem für Ehefrauen, deren Männer untreu sind. Dieser Kontinent hat Tausende solcher Einzelschicksale zu erzählen, aber keiner hört zu, nicht einmal die Kirche, die eigentlich das Leben unter allen Umständen schützen will. Wir lassen unsere Leute im Stich – mit guten Intentionen, aber einem vernichtenden Resultat. Denn Millionen von Aids-Toten in Afrika, das sind auch Millionen von toten Katholiken. Aber die meisten Kirchenführer haben gelernt, zu schweigen und fragend nach Rom zu blicken. Welchen Weg sollen wir gehen?

Mein Leserbrief dazu lautet wie folgt:
Es ist ja nicht so, dass die Kirche mordet. Aber sie indoktriniert Menschen, so zu handeln, dass viele von ihnen sich selbst und/oder andere töten: Indem die Kirche Keuschheit und Treue als einzig sicheren Weg gegen die Ausbreitung von AIDS gebietet und Kondome verdammt. Es ist auch nicht Beihilfe zum Mord. Es ist auch nicht direkt eine Aufforderung zum Töten. Es ist ein wissentliches Inkaufnehmen von Tötungen. Es gab Sekten, die im kollektiven Selbstmord endeten. Kann man rechtlich etwas gegen die Prediger solcher Sekten unternehmen? Vielleicht gibt es einen Rechtstatbestand

für ein solches "Verbrechen gegen die Menschlichkeit"; und vielleicht lässt sich auch die Verdammung der Kondome als ein Verbrechen gegen die Menschlichkeit definieren. Der Beschuldigte wäre der verantwortliche Repräsentant der katholischen Kirche, also der Papst. Wir wollen unseren Benedikt zwar nicht unbedingt als Angeklagten wegen "Indoktrinierung zu völkerübergreifenden Tötungen von Gläubigen" vor dem Internationalen Strafgerichtshof in Den Haag sehen. Aber der Gedanke an eine solche Möglichkeit könnte als heilsamer Schock dienen, die heutige Haltung der Kirche zu revidieren. Carlo Vernimb

Es kann vermutet werden, dass sich in einigen hundert Jahren ein Papst für Benedikts „Amtsmissbrauch" entschuldigen wird.

---

4. Fast wie die Mullahs
Beitrag von Kardinal Meisner für DIE ZEIT Nr. 40 (2007)

Mein Leserbrief vom 1. Oktober 2007:

Die Aussage des Kardinals Meisner "Dort wo die Kultur vom Kultus, von der Gottesverehrung, abgekoppelt wird, erstarrt der Kult im Ritualismus, und die Kultur entartet." wird zu recht wegen der Verwendung des Wortes "entartet" kritisiert. Sie ist aber viel gravierender. Sie sagt, in verständlichem

Deutsch: "Wahre Kultur ohne Gott gibt es nicht."
Das galt vielleicht im finsteren Mittelalter. Wäre die Aussage Meisners gültig, dann könnten 400 Millionen Buddhisten und andere "Gottlose" keine Kultur haben. Welche Selbstgerechtigkeit! Jedenfalls nicht förderlich für einen Dialog der Kulturen.
Carlo Vernimb, Brüssel

5. Wenn Atheisten zu Propheten werden
Der gleichnamige Beitrag von Bischof Wolfgang Huber für DIE ZEIT Nr. 35 erschien im August 2008.

Mein Leserbrief dazu:

Lieber Herr Bischof Huber,
24.08.2008

Man kann an Gott glauben, ohne ihn als „Schöpfer" oder „Zielsetzer" zu strapazieren.

Ihren Ausführungen gegen Kreationismus, Intelligent Design und gegen die Behauptung, man könne mit Hilfe der modernen Naturwissenschaften die Existenz Gottes leugnen, stimme ich gerne zu.
Auch Ihr Bekenntnis, dass der Glaube an Gott die Gewissheit vermittelt, dass diese Welt die Möglichkeit zum Guten in sich enthält und zu ihr beizutragen bereit ist, und dass Gott es mit der Welt im Ganzen ebenso wie mit Ihrem persönlichen Leben gut meint, kann ich nachvollziehen.

Ihnen ist gewiss nicht entgangen, dass ich fast wörtlich aus Ihrem Beitrag zitiert aber Gott „als den Schöpfer" ausgelassen habe. Den Schöpfer, so stelle ich zur Diskussion, brauchen Sie auch gar nicht. Kann Gott nicht einfach da sein, kann man nicht zu ihm beten und auf seine Güte hoffen, ohne zu verlangen, dass er auch noch die Welt erschaffen hat, so wie sie nun einmal ist? Seit Jahrtausenden gibt es Schöpfungsmythen, weil der Mensch nach Erklärungen für seinen Ursprung und den der Welt suchte. Seit einigen hundert Jahren sucht die Wissenschaft nach solchen Erklärungen und macht erstaunliche Fortschritte, die ähnlich faszinierend sind wie die Mythen. Die Kosmologen und Physiker haben noch viel zu erforschen; lassen wir sie doch machen!

Es gibt da noch ein Wort, das mich verwundert. Sie schreiben vom „Ziel", um dessentwillen die Welt entstand und das Leben sich auf der Erde bildete. Was soll denn das Ziel sein? Und gibt es das überhaupt? Menschen sollten sich Ziele setzen, vielleicht, um „die Welt zu verbessern". Aber ein Ziel für die Welt? Oder wollen Sie außer dem „Schöpfer" auch noch einen „Zielsetzer"? Ich glaube, wir kommen sehr gut ohne beide aus.

Mit freundlichen Grüßen,
Carlo Vernimb, Hamburg

6. Laizismus
Beitrag von Jan Ross für DIE ZEIT, August 2010
Jan Ross ist ZEIT-Redakteur.

Mein Leserbrief vom 9. August 2010:

Verehrter Herr Jan Ross, ich widerspreche Ihrer These, dass der Laizismus die "religionsfeindlichste Politik" ist, dass er "militant" und "unnachsichtig" ist. Eine Politik, die die Tötung Andersgläubiger ihres Glaubens wegen zulässt (wie mehrfach gehabt, nicht nur in Europa), ist mit Sicherheit religionsfeindlicher. Die Trennung von Religion und Staat muss kein Schreckgespenst sein. Wir in Europa wurden geprägt durch heidnische Mythen, griechischen Geist, römisches Recht, mittelalterliches Christentum und neuzeitliche Aufklärung. Dabei wurden auch jüdische, arabische (nicht nur das Ziffernsystem) und andere Elemente aufgenommen. Als Folge haben wir Werte, die ein friedliches Zusammenleben ermöglichen sollen und die sich in Regeln und Gesetzen niedergeschlagen haben. Werte können sich ändern und folglich auch die Gesetze (Beispiel: die Gleichberechtigung der Frau). Diese Gesetze, auf die sich die Bürger festlegen, muss der Staat schützen und durchsetzen. Dazu gehört auch die Religionsfreiheit. Fast hätte ich gesagt "Gott sei Dank!"; aber Religionsfreiheit bedeutet ja auch, dass man nicht an Gott glauben muss. Ihrem "Religionspluralismus" stimme ich gerne zu und unterstütze ihn, aber nicht als "Gegenentwurf zum Laizismus", sondern als Einbettung in den Laizismus. Wenn Sie schreiben "Glaube und Andersglaube verbünden sich gegen die Glaubens-feindlichkeit", dann klingt das sehr "militant" und "unnachsichtig", so als wollten Sie dem Atheismus keine Chance geben, obwohl, z.B. in Deutschland, die Anzahl der Atheisten, Katholiken und Evangelischen in der gleichen Größenordnung liegt, aber weit vor der Anzahl der Muslime. Religion sollte Privatsache sein, auch wenn man dafür werben darf (werben, nicht missionieren). Carlo Vernimb, Hamburg

7. Ohne Glauben ist kein Staat zu machen

Beitrag von Wolfgang Thierse für DIE ZEIT No. 49 (2012)
Wolfgang Thierse war von 1998 bis 2005 Präsident des Deutschen Bundestages.

Mein Leserbrief vom 2. Dezember 2012:

Herr Thierse,
Sie sagen "In der DDR gab es keinen Religionsunterricht an den Schulen, keine Militärseelsorge, keine öffentlichen Bekenntnisse. Und siehe da, das Ding ging unter!"
Ich glaubte bisher, die DDR sei nicht an "Religionslosigkeit" gescheitert, sondern daran, dass Wirtschaft und Industrie (von Ausnahmen abgesehen) nicht mehr konkurrenzfähig auf dem Weltmarkt waren, dass deshalb die Pleite drohte, und daran, dass seine Bürger Freiheit wollten.
Carlo Vernimb, Hamburg

8. Wir Weltverbesserer

Beitrag von Margot Käßmann für DIE ZEIT No. 19 vom 2. Mai 2013
Margot Käßmann war evangelische Bischöfin .

Unter dem Titel „Wir Weltverbesserer" schrieb Frau Käßmann einen Artikel in der ZEIT, dessen Quintessenz die Aufforderung war, wieder mehr in der Bibel zu lesen. Darauf habe ich geantwortet:

Gut, dass auch Frau Käßmann die Welt verbessern will. Wer wollte das nicht, mehr oder weniger, und je nach Kräften? Das geht auch ohne Gott und Bibel. Vielleicht sogar besser. Denn wer seinen Glauben an Gott als Sinnstifter verloren hat, muss seinem Leben selber einen Sinn geben, muss sich klar werden, dass er ohne Gemeinschaft mit anderen kaum eine Überlebenschance und dass das „Weiter-so" keine Zukunft hat. Nicht-Gläubige sind darin freier und deshalb kreativer als Gläubige, die in einem religiösen Regelwerk gefangen sind. Also: gottlos, frei und solidarisch die Zukunft gestalten, unseren Planeten schützen und zum Weltfrieden beitragen! Jeder kann da mitmachen.
Carlo Vernimb, Hamburg

DIE ZEIT hat davon folgendes veröffentlicht (also ohne die beiden letzten Sätze):

Besser ohne Bibel

Margot Käßmann:
»Wir Weltverbesserer« ZEIT NR. 17

Gut, dass auch Frau Käßmann die Welt verbessern will. Wer wollte das nicht, mehr oder weniger und je nach Kräften? Das geht auch ohne Gott und Bibel. Vielleicht sogar besser. Denn wer seinen Glauben an Gott als Sinnstifter verloren hat, muss seinem Leben selber einen Sinn geben, muss sich klar werden, dass das Weiter-so keine Zukunft hat. Nichtgläubige sind darin freier und deshalb kreativer als Gläubige, die in einem religiösen Regelwerk gefangen sind.
Carlo Vernimb, Hamburg

9. Schlechte Dogmatiker

Beitrag von Evelyn Finger für DIE ZEIT N° 27 vom 27. Juni 2013
Frau Evelyn Finger ist Redakteurin der ZEIT und verantwortlich für das Ressort Glauben & Zweifeln.

Sehr geehrte Frau Evelyn Finger,
Seit 1946 lese ich jede Woche die Zeit. Ich bin kein Abonnent, weil ich meistens in Belgien oder Spanien lebe und DIE ZEIT dort früher am Kiosk zu erhalten ist als über das Abonnement.
In den 67 Jahren hat es viele Highlights in Ihrem Blatt gegeben. Jetzt bin ich gerade wieder auf zwei gestoßen:
Nämlich Ihre Sätze „Denn unser freiheitliches Rechtsverständnis hat als ethische Voraussetzung die Idee der

Menschenwürde. Sie schließt die wechselseitige Anerkennung aller Menschen ein." und den Satz im Interview mit Josephine Witt „In Deutschland stirbt Religion zum Glück aus, das ist die logische Konsequenz unserer aufgeklärten Welt." (DIE ZEIT N° 28 vom 4. Juli 2013, S. 42).

Das Abwandern vieler aus der Religion in Deutschland liegt ja auch an der Unzufriedenheit mit den Amtskirchen. Was bleibt, ist das Bedürfnis nach Orientierung: Wie soll das alles weitergehen? Brauchen wir nicht einen ständigen Rat kluger, wenn möglich auch weiser, vor allem aber von Partei-, Konfessions- und sonstigen Interessen freier und vom politischen Tagesgeschehen losgelöster Köpfe, der berät, wie sich unsere mittlere und fernere Zukunft gestalten könnte und sollte und, wo möglich, Orientierungshilfen geben könnte? Wer könnte ein solches Forum besser ins Leben rufen als DIE ZEIT?

Mit freundlichen Grüßen,
Carlo Vernimb, Hamburg

10. Was heißt Barmherzigkeit?
Ein Gespräch mit Kardinal Walter Kasper, DIE ZEIT Nr. 51, 5. Dezember 2013

Mein Leserbrief:

Glückwunsch zu diesem Interview! Walter Kasper erklärt uns verständlich und deutlich, was Barmherzigkeit ist; und er fordert sie ein wie auch Papst Franziskus.

Vielleicht hätte er zur Verdeutlichung noch auf das Gegenteil der Barmherzigkeit hinweisen können, nämlich die Trägheit des Herzens. So weit, so gut. Aber Barmherzigkeit geht auch ohne Gott, Jesus und Papst. Den Deutschen wird nachgesagt, dass sie für Opfer von Katastrophen freigebig spenden (Tsunami) und, wo möglich, persönlich mit anpacken (Oderflut). In Deutschland gibt es inzwischen mehr Konfessionslose als Katholiken oder Protestanten. Mit Sicherheit waren unter den Spendern und Helfern nicht nur Christen. Was uns weiterführen könnte, ist die Menschenwürde, die eine Menschenachtung fordert, die, soweit keine Trägheit des Herzens vorliegt, Hilfs- und Opferbereitschaft hervorruft. Das gilt für alle Menschen, weltweit. Kardinal Kasper war Präsident des Päpstlichen Rates für die Einheit der Christen. Wir brauchen so klare Köpfe wie Walter Kasper, die sich einem höheren Ziel zuwenden, nämlich dem der Einheit der Menschen.
Carlo Vernimb, Hamburg

11. Was ist Toleranz?
von Wolfgang Thierse, DIE ZEIT Nr. 2, 2014

Mein Leserbrief:

Wolfgang Thierse schreibt: "Ich persönlich kann die Aufforderung zur Toleranz aus dem Christentum heraus formulieren." Ich dagegen kann die Aufforderung zur Intoleranz aus den Worten Jesu entnehmen: Gemäß z.B. Markus 16,15 sagt Jesus nach seiner Auferstehung:

„Geht hinaus in die ganze Welt, und verkündet das Evangelium allen Geschöpfen! Wer glaubt und sich taufen lässt, wird gerettet; wer aber nicht glaubt, wird verdammt werden." Von der Toleranz ist das Christentum so weit entfernt wie ein Racheengel von der Barmherzigkeit. Die Verdammung Andersgläubiger ist Wesenskern vieler Religionen. Deshalb behindern Religionen den Frieden.

Und noch ein Satz von Herrn Thierse: „Jeder Mensch ist ein Kind Gottes." Er mag das glauben, ich nicht. Ich empfinde das als eine Verunglimpfung meines tatsächlichen Vaters. Herr Thierse möge zur Kenntnis nehmen, dass es in Deutschland inzwischen mehr Konfessionslose als Katholiken oder Protestanten gibt. Als Bundestagsabgeordneter sollte er das eigentlich wissen. Wer macht denn da unsere Gesetze?

Carlo Vernimb, Hamburg

12. Dein Tod gehört allen
Von Gero von Randow, DIE ZEIT N°5, 20. Januar 2014

Mein Leserbrief:

Lieber Herr von Randow,
Ihren vielen Beiträgen in der ZEIT, die mich schon deshalb interessierten, weil ich Ihren Vater Thomas 1947 persönlich kennenlernte, konnte ich uneingeschränkt zustimmen. Mit „Dein Tod gehört allen" gehen Sie aber zu weit. Tod und Leben gehört nicht allen, sondern allenfalls den Partnern, Verwandten und Freunden. Die

sind „betroffen", andere kaum. Um Missbrauch, insbesondere bei heilbaren Depressionen sowie wirtschaftlichen Notlagen, zu vermeiden, sollten vor der beabsichtigten Selbsttötung Beratungen, ähnlich wie vor Abtreibungen, gesetzlich vorgeschrieben werden. Würden sich die Kirchen nicht einmischen und hätten wir die Altlasten aus der Nazizeit nicht, hätten wir wahrscheinlich längst liberalere Regelungen wie in anderen europäischen Ländern.
Carlo Vernimb, Hamburg

13. Umarmung eines Patriarchen
von Walter Kasper, DIE ZEIT N° 21 vom 15. Mai 2014.

Mein Leserbrief:

Wenn Kardinal Kasper sich die „Einheit Europas" auf die christliche Fahne schreibt, freut mich das als Europäer. Und je erfolgreicher die Ökumene, die Annäherung und der gegenseitige Respekt zwischen der römischen, der orthodoxen und der protestantischen Christenheit, desto besser. Aber Kaspers Behauptung „Ohne die Einheit der Kirchen gibt es kein einiges Europa" muss widersprochen werden: Auch ohne die Einheit der Christen muss ein einiges Europa möglich sein. Vielleicht träumt Kasper von einem christlich geprägten Europa. Aber dazu gibt es inzwischen zu viele Andersdenkende, und sie werden immer mehr. Wir wollen ein Europa, das sich an den Werten der Aufklärung orientiert, die teilweise gegen den verbissenen Widerstand der

Amtskirchen erkämpft werden mussten: Menschenrechte, Demokratie, unabhängige Justiz, Rechtssicherheit, Meinungsfreiheit, Pressefreiheit, Religionsfreiheit, Solidarität im Sozialstaat, Gleichberechtigung von Mann und Frau, Bildungschancen usw. so, wie sie in der CHARTA DER GRUNDRECHTE DER EUROPÄISCHEN UNION festgeschrieben wurden. Wenn sich Walter Kasper auch diese Werte auf die Fahne schreibt, ist er höchst willkommen.
Carlo Vernimb, Hamburg

14. Vermeintliche Sünden
von Bernd Deininger für DIE ZEIT N° 40 vom 25. September 2014
Dr. Bernd Deininger ist Chefarzt in der Klinik für Psychosomatische Medizin und Psychotherapie in Nürnberg. Ehrenamtlich ist Bernd Deininger Prediger in der evangelischen Kirche.

Meine Leserzuschrift:

Bernd Deininger konstatiert: „Der biblische Sündenfall Adams und Evas markiert den Beginn der Schuldhaftigkeit des Menschen. So kommen wir nach christlichem Verständnis bereits sündig auf die Welt." Heute wissen wir, dass es ohne das Begehren zwischen Adam und Eva keine Kinder gegeben hätte, also die Menschheit mit Adam und Eva ausgestorben wäre und auch kein Jesus hätte geboren werden können. Wer auch immer die Erbsünde erfunden hat, liegt also falsch,

weshalb wir sie getrost aus dem christlichen Repertoire streichen können.
Carlo Vernimb, Hamburg

15. Migration: Falscher Akzent
von Gero von Randow und Özlem Topcu, DIE ZEIT Nr. 50, 18. Dezember 2014
Gero von Randow und Özlem Topcu sind Redakteure der ZEIT.

Mein Leserbrief:

Die Autoren bezeichnen den Vorschlag der stellvertretenden Bundesvorsitzenden der CDU, Frau Julia Klöckner, die Burka (Vollverschleierung) auch in Deutschland zu verbieten, als „Ausfall der Klöcknerschen Art". Das halte ich für unseriös.
Die Evolution hat aus uns Menschen das gemacht, was wir heute sind. Ein herausragendes Ergebnis der Entwicklung ist die gegenseitige Kommunikation. Wir sind darauf fixiert, unserem Gegenüber ins Gesicht zu sehen, dessen Ausdruck womöglich mehr sagt als seine Worte. Wir merken, ob er ernst, traurig, wütend, ironisch oder heiter ist, ob er lügt oder mit einem Augenzwinkern spricht. Wir reden „von Angesicht zu Angesicht."
Wer eine Burka trägt, lässt das alles nicht zu. Er schlägt in der Konsequenz sein Gegenüber mit Blindheit und verschafft sich dadurch einen Vorteil. Das ist nicht nur unlauter, sondern auch unfair, feige, übervorteilend,

missachtend, diskriminierend und deshalb beleidigend. Und es verstößt gegen eine dem Menschen eigene Errungenschaft, nämlich die hoch entwickelte Kommunikation, also im wahrsten Sinn des Wortes gegen die „Menschlichkeit" und damit gegen die Menschenwürde. Wer eine Burka trägt, diskriminiert und beleidigt sein Gegenüber und missachtet die Menschenwürde. Deshalb sollte die Burka verboten werden.
Wenn die Religionsfreiheit eines der höchsten Güter des Grundgesetzes ist, dann ist die Würde des Menschen das allerhöchste Gut. Deshalb verbietet das Grundgesetz ein Verbot der Burka nicht, wie manche behaupten, sondern es gebietet es geradezu.
Carlo Vernimb, Hamburg

16. Wofür wir kämpfen müssen
von mehreren Autoren für DIE ZEIT N° 3 + 4, 2015

Meine Leserzuschrift vom 16. Januar 2015:

In Anbetracht so vieler heutiger Kriegs- und Terrorhandlungen hätten wir es begrüßt, wenn Moses zwei weitere Gebote vom Berg Sinai mitgebracht hätte:

11. Gebot: Du sollst im Namen deines Glaubens niemandem Gewalt antun!
12. Gebot: Du sollst nicht Hass predigen!

Heute ist die UNO die weltweit maßgebende Autorität. Sie hat die Charta der Menschenrechte genehmigt und verkündet. Jetzt sollte sie mit Nachdruck fordern:

1. Jeder Mensch darf glauben, was er will.
2. Gewalt im Namen einer Religion schändet die Religion, muss geächtet, verboten und bestraft werden.
3. Hass predigen (z.B. andere im Namen der Religion zu Gewalttaten animieren) muss geächtet, verboten und bestraft werden.

Da nicht anzunehmen ist, dass Russland oder China beabsichtigen, religiös motivierte Gewalt anzuwenden, ist sogar ein entsprechender Beschluss des Sicherheitsrats denkbar.
Religionen können ihren Anhängern Zuversicht, Kraft und Geborgenheit in der Gemeinschaft geben. Andererseits sind sie bis in die Gegenwart Anlass für Hass, Kriege und Gräueltaten. Es ist an der Zeit, endlich diese dunkle Seite der Religionen zu überwinden.
Carlo Vernimb, Hamburg

17. Wofür wir kämpfen müssen II
von mehreren Autoren für DIE ZEIT N° 3 + 4, 2015

Meine Leserzuschrift vom 2. Februar 2015:

Ist der Islam reformfähig?
Vor tausend Jahren hätte wohl niemand das Christentum für reformfähig gehalten. Und doch hat die Aufklärung das Christentum nachhaltig verändert. Die Mehrheit der Muslime in Europa wünscht sich heute einen Islam ohne

Gewalt gegen Andersgläubige. Wie kann diese Mehrheit die gewaltbereiten Muslime dazu bewegen, auf Gewalt zu verzichten? Ein Ansatz: Menschen unterscheiden sich von anderen Lebewesen dadurch, dass sie besser denken können. Wenn einzelne Menschen nicht anders gedacht hätten als die übrigen, gäbe es keine Erfindungen und keine zivilisatorische Entwicklung. Daraus folgt ein Menschenrecht: Die Gedankenfreiheit. Jeder Mensch darf denken, was er will. Wenn er Phantasie hat, kann er sich auch etwas ausdenken, was er persönlich für zutreffend hält. Daraus folgt ein weiteres Menschen-recht: Die Glaubensfreiheit. Jeder Mensch darf glauben, was er will. Und wenn jeder glauben darf, was er will, dann darf auch ein anderer Mensch etwas anderes glauben. Genau das ist es, wovon die friedliebenden Muslime die gewaltbereiten überzeugen sollten. Und nicht nur das: Sie sollten alle ächten, die gegenüber anderen im Namen des Glaubens Gewalt anwenden. Und ebenso die, die Hass predigen.
Carlo Vernimb, Hamburg

18. Wer vermisst Gott?
von Evelyn Finger für DIE ZEIT Nr. 23 vom 25. Mai 2016

Mein Leserbrief:
Den schönen Satz von Julian Barnes „Ich glaube nicht an Gott, aber ich vermisse ihn" kann ich nachempfinden. Allerdings: Vermissen klingt nach zurückwünschen. Als ich mich mit 21 Jahren von Gott löste, empfand ich neben der gewonnenen Freiheit auch ein Gefühl der

Traurigkeit. Aber vermisst habe ich ihn danach nie, auch nicht heute mit 88 Jahren, weil ich ihn nicht brauche. Gott, diese gut gemeinte Erfindung des Menschen, war sehr nützlich für die Zivilisierung der Menschen. Heute brauchen wir ihn nicht mehr als Schöpfer. Physik und Biologie beschreiben die „Schöpfung". Und wir brauchen ihn nicht mehr als Wächter der Moral. Allerdings brauchen wir Werte für das Zusammenleben der Menschen. Werte, die teilweise christlich inspiriert sind: Aufrichtigkeit, Hilfsbereitschaft, Toleranz, Respekt, um nur einige zu nennen, und solche Werte, die gegen die christlichen Kirchen erstritten werden mussten, wie Meinungsfreiheit, Religionsfreiheit, Gleichwertigkeit der Geschlechter, und neuerdings: Das Bemühen um die Erhaltung unseres Planeten. Übrigens: Die Abkehr von Gott hindert mich nicht daran, Jesus für einen begnadeten Propheten der Liebe und der Barmherzigkeit zu verehren. Er hätte der „Luther" der Juden werden können. Stattdessen machte Paulus ihn zum Gottessohn.
Carlo Vernimb, Hamburg

19. Darf man die Burka verbieten?
von Elisabeth Raether und Iris Radisch für DIE ZEIT No. 35, August 2016

Mein Leserbrief:

Die Pro- und Contra-Autorinnen lassen außer Acht, dass wir Menschen uns so erfolgreich zivilisiert haben, weil wir miteinander kommunizieren, nicht zuletzt von

Angesicht zu Angesicht. Wir sehen im Gesicht unseres Gegenübers mehr als das, was er mit Worten sagt. Wer sein Gesicht verschleiert, lässt das nicht zu, schlägt sein Gegenüber mit Blindheit und verschafft sich dadurch einen Vorteil. Das ist nicht nur unlauter, sondern auch missachtend, diskriminierend und deshalb beleidigend. Es verträgt sich nicht mit der Würde des Menschen.
Carlo Vernimb, Hamburg

20. Atheismus ist immer noch erlaubt!
von Jürgen Krätzer für DIE ZEIT No. 35, September 2016
Jürgen Krätzer ist Wissenschaftlicher Mitarbeiter am Germanistischen Institut der Martin-Luther-Universität Halle-Wittenberg.

Mein Leserbrief:

Nein, Herr Krätzer, ich schaue nicht neidvoll auf die Gläubigen, die an ein Weiterleben nach dem Tod glauben. Seit ich mich vor vielen Jahren von Gott löste, fühle ich mich frei von religiöser Gängelei, spüre aber im gleichen Atemzug meine Verantwortung für mein Leben und empfinde Respekt für andere. Die Behauptung, dass es ohne Gott kein moralisches Handeln gäbe, ist ungültig. Meine Loslösung von Gott war ein jahrelanger Prozess, in dessen Verlauf mein Bestreben wuchs, Gutes zu tun und einen positiven „Fußabdruck" auf unserem Planeten zu hinterlassen. Meine Zweifel wichen einer wohltuenden Klarheit. Keine Rede mehr von der Gottesebenbildlichkeit des Menschen, sondern ein

klares, gottesunabhängiges Bekenntnis zur Würde des Menschen. Ich kann das nur empfehlen.
Carlo Vernimb, Hamburg

21. Schwache Riesen
von Evelyn Finger für DIE ZEIT Nr. 22, 23. Mai 2017

Mein Leserbrief:

Zum Satz „Und man braucht Mut, auf alle zuzugehen, sogar auf Atheisten, weil auch sie auf etwas hoffen, also: erlösungsbedürftig sind.":
Ich bin Atheist und hoffe etwas. Ich hoffe, dass der Fußabdruck, den ich auf unserem Planeten hinterlasse, nicht missbilligt wird. Aber erlösungsbedürftig bin ich nicht. Atheismus und Erlösung passen so wenig zusammen wie Wissenschaft und Himmelfahrt. Ähnlich anmaßend wäre es zu sagen: „Als Atheist braucht man Mut, auf Christen zuzugehen, um sie vom Ballast ihres Glaubens zu erlösen." – Carlo Vernimb

22. Mit der Bergpredigt kann man nicht regieren? Doch, kann man!
von Klaus Mertes für DIE ZEIT N° 11, 8. März 2018
Klaus Mertes ist Jesuit, ehemals Rektor des Canisius-Kollegs in Berlin.

Der Tagesspiegel kommentierte eine Diskussionsrunde mit Jens Spahn und Gregor Gysi zum Thema „Taugt das Christentum noch als Fundament Europas?" Dabei sagte

Spahn:
„Mit der Bergpredigt können Sie kein Land regieren."
Daraufhin erschien der oben zitierte Beitrag.

Mein Leserbrief:
Welche Gedanken-Akrobatik muss man bemühen, um „Liebet Eure Feinde!" in „Auch dein Feind hat Rechte" umzudeuten! Die Sprache der Bergpredigt kommt heute einfach nicht mehr an. Der moderne Rechtsstaat beruht auf Voraussetzungen, die er selbst nicht zu garantieren vermag (Ernst-Wolfgang Böckenförde, bis 1996 Richter am Bundesverfassungsgericht). Ja, aber diese Voraussetzungen sollten nicht rein christlich geprägt sein, sondern auch für Andersgläubige und Atheisten gelten. Z.B.: Jeder ist selbst verantwortlich für die Planung seines Lebens. Jeder sollte alle Menschen achten, ihre Gleichwertigkeit anerkennen, ihr Anderssein und ihren Glauben respektieren, ihnen helfen, wenn sie arm oder hoffnungslos sind. Jeder sollte die Menschenrechte, die Meinungsfreiheit, die Religionsfreiheit, die Gleichberechtigung von Mann und Frau respektieren, unseren Planeten erhalten und am Frieden in der Welt mitarbeiten. Würden Moses, Jesus, Mohammed, Buddha, Konfuzius usw. heute leben (nach der Aufklärung!), könnten sie sich wahrscheinlich auf diese Regeln einigen. – Carlo Vernimb

23. Man kann auch weltlich glauben
von Wilhelm Schmid, DIE ZEIT N° 21, 17. Mai 2018
Wilhelm Schmid ist ein deutscher Philosoph.

Mein Leserbrief:

Wie schön, dass auch mal wieder einer zu Wort kommt, der keiner Religionsgemeinschaft angehört. Sie fragen, Herr Schmid, nach dem Wesentlichen und finden es in der Energie, die den Sterbenden verlässt. Dann ließe sich ja durch Infusion lebenswichtiger Substanzen der Mangel an Energie vermeiden. Nein, es ist das Organversagen, das zum Tod führt. Die Energie, als Physiker kenne ich mich da einigermaßen aus, wäre mir auch zu profan für ein „weltliches Glaubensbekenntnis". Ebenfalls auf der Suche nach dem Wesentlichen, dem „Einen", schlage ich vor: Das Wesentliche ist das, was ist: Die Familie, die Menschheit, das Weltall. Ohne deren Sein wäre alles nichts, würden wir nicht existieren. Daran braucht man nicht zu glauben; es ist einfach so und gilt für alle. Die Frohe Botschaft lautet also: Freut Euch am Sein!
Carlo Vernimb, Hamburg

24. Verteufelt nicht das Digitale!
von H. Bedford-Strohm, DIE ZEIT N° 45, 31. Oktober 2018
Heinrich Bedford-Strohm ist Ratsvorsitzender der Evangelischen Kirche in Deutschland.

Mein Leserbrief:

Ich stimme Ihnen zu, Herr Bedford-Strohm, dass die „Liebe untrennbar verbunden ist mit Verantwortung".

Das gilt übrigens auch für die Freiheit. Und ich stimme Ihnen auch zu, dass „wir die Gestaltung der Welt nicht an die Roboter delegieren können. Dafür müssen wir Menschen selbst sorgen." Aber dafür brauchen Sie nicht Gott zu bemühen. Ihre Forderung sollte ja auch für Menschen gelten, die nicht an Gott glauben, von denen es inzwischen in Deutschland mehr gibt als Protestanten oder Katholiken. Sie schreiben von „der christlichen Überzeugung, dass wir Menschen zum Bilde Gottes geschaffen sind" und etwas später von „Gottes menschlicher Gestalt." Damit nähern Sie sich immerhin den historischen Fakten, dass alle Götter von Menschen erschaffen wurden.
Carlo Vernimb, Hamburg

25. Der moderne Heide will nicht diskutieren, nicht herausgefordert sein. Es genügt ihm, die eigene Ignoranz bestätigt zu sehen.
von Raoul Löbbert, DIE ZEIT N° 47 vom 15. November 2018
Raoul Löbbert ist Redakteur der ZEIT.

Mein Leserbrief:

Ach, ihr armen, armen Christen, die ihr euch von Atheisten genervt zeigt. Viele Jahrhunderte waren wir Atheisten (und nicht wenige Christen) von eurem christlichen Eifer nicht nur genervt, sondern wurden gefoltert, gefedert und geteert, gerädert, geviertelt, gepfählt, ertränkt und verbrannt. Da wird man wohl

heute ein bisschen nerven dürfen. Wegen der Exzesse (Paket mit Exkrementen) einiger übergeschnappter Atheisten sollten Sie die Mehrheit der hassfreien, friedfertigen und toleranten Atheisten nicht verunglimpfen. Übrigens würde ich gern mit Ihnen diskutieren über Ihre Gleichsetzung der Abwesenheit von Glauben mit Ignoranz (Abwesenheit von Wissen) und von Atheisten mit „modernen Heiden", schließlich glaubten heidnische Völker, bevor sie christianisiert wurden, an Götter.
Carlo Vernimb, Hamburg

26. Gefährliche Seelenführer
Von Doris Wagner für DIE ZEIT Nr. 5 vom 24. Januar 2019
Doris Wagner ist eine deutsche Theologin und schrieb über spirituellen Missbrauch in der Kirche.

Mein Leserbrief:
Meine spirituelle Befreiung war die Loslösung von Gott.
Carlo Vernimb

Mein Atheismus auf YouTube

Ich möchte andere Menschen an meinen Gedanken teilhaben lassen und habe deshalb 19 Beiträge unter dem Titel „Gedanken eines Atheisten" in YouTube veröffent-licht:
https://www.youtube.com/user/Carlo341928

Verständlicherweise enthalten die Beiträge viele Gedanken, die ich in diesem Buch bereits geäußert habe.

Fast alle Beiträge enden mit meiner Empfehlung:

Gebt Eurem Leben einen Sinn!
Achtet alle Menschen!
Erhaltet unseren Planeten!
Und bemüht Euch, am Frieden in der Welt mitzuarbeiten!

Hier stelle ich die Texte meiner 19 Beiträge (jeweils ohne die Empfehlung) zusammen:

01 Freiheit und Verantwortung

Was bedeutet es, Atheist zu sein? Zunächst ist es eine Befreiung von Denkmustern und Zwängen:
Keine Furcht mehr vor Gott,
keine religiöse Bevormundung und Gängelung,
keine kirchlichen Rituale,

keine Erbsünde,
keine Taufe,
keine Gottesdienste,
keine jungfräuliche Geburt,
keine Auferstehung von den Toten,
keine Himmelfahrt,
kein Jenseits,
keine Hölle,
kein Leben nach dem Tod,
kein Jüngstes Gericht.

Das ist aber nur die eine Konsequenz, die andere ist, dass der Sinn des Lebens nicht mehr von außen vorgegeben wird. Daraus folgt die Verantwortung jedes Einzelnen für den Sinn seines Lebens, die Selbstbestimmung. Wer frei ist von Vorgaben anderer, muss selber denken, muss sein Leben selber planen, muss versuchen, das Beste aus seinem Leben zu machen. Und er muss stark sein: Bei Mutlosigkeit, Verzweiflung und Trauer hilft ihm kein Gott.

02 Moral

In Deutschland gibt es inzwischen mehr Konfessionslose als Katholiken oder Protestanten. Trotzdem werden Atheisten von Vertretern der Kirchen verächtlich gemacht.
So behauptet Bischof Franz-Josef Overbeck: „Ohne Gott gibt es keine Werte". Das stimmt nicht; denn viele

Atheisten respektieren die schon in alten Kulturen bekannte Goldene Regel:
„Behandle die Menschen so, wie du von ihnen behandelt werden möchtest."
Diese Regel ist nicht weniger moralisch als die 10 Gebote der Bibel.
Also: Bitte mehr Toleranz und Respekt gegenüber Atheisten, und Schluss mit der Rede, Atheisten hätten keine Moral!

03 Handlungsbekenntnis

Gläubige haben ein Glaubensbekenntnis; z.B.: „Ich glaube an ein Leben nach dem Tod."
Atheisten können ein „Handlungsbekenntnis" haben, z.B.:
„Ich bemühe mich, etwas aus meinem Leben zu machen. Ich achte alle Menschen und behandle sie so, wie ich von ihnen behandelt werden möchte. Ich bin mir bewusst, dass ich die Verantwortung für mein Leben trage, dass aber meine Freiheit, mein Leben zu gestalten, dort endet, wo die Freiheit anderer eingeschränkt werden würde. Ich bemühe mich, tolerant gegenüber anderen und solidarisch mit den Benachteiligten dieser Welt zu sein, unseren Planeten zu erhalten und am Weltfrieden mitzuarbeiten."
Gott kommt darin nicht vor. Aber Gläubige wie Nicht-Gläubige könnten dieses Bekenntnis unterschreiben.

Lebten die Religionsstifter Moses, Jesus, Mohammed, Buddha, Laotse, Konfuzius und Zarathustra heute, dann, davon bin ich überzeugt, könnten sie diesem Handlungsbekenntnis zustimmen.

04 Religiosität

Viele Millionen Jahre lang lebten Vormenschen und Menschen in Horden, bis zum Beginn des Ackerbaus, als sich Städte und Staaten bildeten und aus Horden (über Sippen) Völker wurden. In der Menschenhorde war es lebenswichtig, dass man zusammenhielt, sich aufeinander verlassen konnte, sich gegenseitig vertraute. Dadurch entstand eine Solidargemeinschaft mit starker emotionaler Bindung. Medizinmänner und Schamanen beschworen diese Bindung, beschworen Geister und Dämonen für das Gelingen der Jagd, für die Fruchtbarkeit und für die Erklärung sonst unerklärlicher Vorgänge.
Das ist der Ursprung unserer Religiosität.
Nach dem Beginn des Ackerbaus wurden aus Geistern Götter und aus Schamanen Priester. Aber unsere Religiosität, die in der Hordenzeit entstand, prägt uns noch heute und bewirkt unsere Sehnsucht nach Geborgenheit in der Gemeinschaft und die Anbetung übersinnlicher Wesen. In der Hordenzeit waren Religionen erfolgreich, weil sie den Zusammenhalt der Horde förderten. Heute, in der globalen Welt, können sie zwar

das religiöse Bedürfnis befriedigen, sind sonst aber eher hinderlich, weil sie sich gegenseitig ausgrenzen oder gar befeinden.

05 „atheistische Religiosität"

Unsere Religiosität, die in der Hordenzeit der Menschheit entstand, prägt uns noch heute und bewirkt unsere Sehnsucht nach Geborgenheit in der Gemeinschaft, also nach Solidarität, und unsere Verehrung übersinnlicher Wesen.
Inzwischen gibt es die Horde nicht mehr, aber die Religiosität ist geblieben.
Wer sich heute von einer Religion lösen will, hat intellektuell meist keine großen Probleme; aber seine Religiosität, seine Sehnsucht nach Geborgenheit in der Gemeinschaft, lässt ihn zögern.
Dieses Dilemma habe ich für mich dadurch gelöst, dass ich meine Religiosität auf die ganze Menschheit beziehe.
So entstand aus meiner „atheistischen Religiosität" ein „solidarischer Atheismus".

06 Solidarischer Atheismus

Auch der Atheismus ist ein Glaube, der Glaube, dass es Gott nicht gibt. Es gibt ihn nur, wenn wir an ihn glauben.
Mein Atheismus ist „solidarisch". Ich betrachte die ganze Menschheit als Solidargemeinschaft.
Mein Atheismus ist nicht aggressiv, schon gar nicht

fundamentalistisch, weil ich zwar die Religionen für überholt halte, aber die Menschen respektiere, die ihnen anhängen.

Mein Atheismus wendet sich an den Einzelnen (Mach etwas aus Deinem Leben!), an die Gesellschaft (Achtet alle Menschen und behandelt sie so wie ihr von ihnen behandelt werden möchtet!) und an die Menschheit (Erhaltet unseren Planeten und versucht, am Frieden in der Welt mitzuarbeiten!).

Ziele des solidarischen Atheismus sind:
Die Selbstbestimmung des Einzelnen in Harmonie und Solidarität mit den Mitmenschen und der Natur; Frieden in Freiheit für alle Menschen.

07 Herausforderungen

Ein Atheist muss seinem Leben selber einen Sinn geben. Er kann an der Erhaltung unseres Planeten mitwirken, also
an der Erhaltung der Artenvielfalt, der Reduzierung der Verunreinigung von Luft, Böden und Gewässern, der Beendigung des Raubbaus am tropischen Regenwald und der Überfischung der Ozeane, am Ausbau alternativer Energiequellen usw.

Oder
er kann sich bemühen, solidarisch mit den Benachteiligten dieser Welt zu sein. Solidarität beginnt mit der

Achtung aller Menschen, mit der Anerkennung ihrer Gleichwertigkeit, mit dem Respekt vor ihrem Anderssein und ihrem Glauben. Und endet mit der Hilfe für diese Menschen, mit dem Ziel, ihre Benachteiligungen, z.B. ihre Armut und Hoffnungslosigkeit, zu überwinden.

08 Frieden

Der Frieden in der Welt ist gefährdet durch Religionen, die sich feindlich gegenüberstehen. Atheisten sollten daran mitwirken, ein Bewusstsein zu schaffen, das Individuen verabscheut und moralisch ächtet, die andere wegen ihres Glaubens verächtlich machen, „Heilige Kriege" anzetteln oder Hass predigen. Hassprediger, egal welchen Glaubens, halte ich für am Gefährlichsten und Verwerflichsten.
Auch das sogenannte Nord-Süd-Gefälle gefährdet den Frieden. Von Hunger und Arbeitslosigkeit betroffene Menschen drängen in die Industrieländer. Wir müssen diesen Menschen sehr viel mehr als bisher helfen, damit sie sich in ihrer Heimat selbst ernähren und bleiben können. Erst wenn sich ihr Lebensstandard demjenigen in den Industrieländern angleicht, wird der Migrationsdruck nachlassen.

09 Globale Ethik

Zwischen den Moralvorstellungen der verschiedensten Völker unserer Erde gibt es eine so große Übereinstimmung, dass man vermuten kann, dass eine Ur-Moral bereits bestand als Menschen vor etwa 50.000 Jahren von Afrika aus die Erde zu besiedeln begannen; d.h. lange vor Entstehung der Weltreligionen. Die Religionsstifter fanden vermutlich die gleiche Ur-Moral vor. Die weitgehend gleichen ethischen Forderungen der Weltreligionen wiederum konnte der Theologe Hans Küng als „Weltethos" formulieren, das 1993 vom Parlament der Weltreligionen in Chicago verabschiedet wurde und vermutlich ein Spiegel der Ur-Moral ist. Das Weltethos ist ein Meilenstein auf dem Weg zu einer globalen Ethik. Der Kern einer solchen Ethik besteht aus der sogenannten „Goldenen Regel":
Achte alle Menschen und behandle sie so, wie du von ihnen behandelt werden möchtest!
Heute muss man hinzufügen: Erhaltet unseren Planeten und rettet den Frieden der Welt!

10 Mission

Ich werbe für den Atheismus, weil ich überzeugt bin, dass die Welt ohne Religionen friedlicher wäre. Ich bin aber kein Missionar des Atheismus. Christentum und Islam sind, im Gegensatz z.B. zu Judentum und Buddhismus, missionierende Religionen. Sie missionieren gestützt auf die Behauptung, die einzig wahre Religion zu sein. Zwei einzig wahre Religionen kann es nicht geben. Würden Christen und Muslime auf das Prädikat einzig wahr verzichten, dann könnten beide Religionen wahr sein, sich gegenseitig und andere Religionen tolerieren, und damit aufhören, Andersgläubigen mit der Hölle zu drohen. Die Welt wäre friedlicher, wenn niemand seinen Glauben anderen aufzudrängen versuchte.

11 Der Mensch schuf Gott

Vor gut 200 Jahren stellte der Philosoph Ludwig Feuerbach fest: „Der Mensch schuf Gott nach seinem Bilde". Und der Hirnforscher Wolf Singer, Mitglied der päpstlichen Akademie der Wissenschaften, ergänzte vor kurzem: „Wir haben unsere Religionssysteme alle erfunden."

Vor etwa 2.600 Jahren entwickelten jüdische Priester die Idee, dass ihr oberster Gott Jahwe der einzige, allmächtige und allwissende Gott sei. Eine starke Idee! Und sie veranlassten uns zu glauben, dass Gott den Menschen erschuf. Wir haben uns also einen Gott geschaffen, der uns erschaffen hat. Das ist absurd! Aber: Was wir geschaffen haben, können wir auch wieder abschaffen. Schließlich ist die Menschheit während 99% ihres Daseins auch ohne einen alleinigen Gott ausgekommen.

12 Die Wette von Pascal

Die berühmte Wette von Pascal („dass es besser sei, bedingungslos an Gott zu glauben, weil man nichts verlöre, wenn er nicht existiert, aber auf der sicheren Seite sei, wenn es doch einen Gott gibt") muss revidiert werden:
Es ist besser, nicht bedingungslos daran zu glauben, dass Gott schon alles richten wird, sondern selbst darüber nachzudenken, was man tun sollte und entsprechend zu handeln; denn dann wären wir auf der sicheren Seite, wenn Gott nicht existierte, und verlören nichts, wenn er unser Denken und Handeln lenkte.

13 Wurzeln

In Deutschland wird oft auf unsere christlich-jüdischen Wurzeln hingewiesen. Aber wo wären wir ohne die griechische Philosophie und Demokratie, ohne das römische Recht, ohne die arabische Null in unserem Zahlensystem? Wo wären wir ohne die Aufklärung, die gegen den verbissenen Widerstand der Kirche erkämpft werden musste? Wenn es heute so etwas wie eine Identität der Deutschen gibt, dann ist sie in erster Linie geprägt von der Aufklärung, nämlich von Menschenrechten, Demokratie, unabhängiger Justiz, Meinungsfreiheit, Pressefreiheit, Religionsfreiheit, Solidarität im Sozialstaat, Gleichberechtigung von Mann

und Frau, Bildungschancen usw.
und viel weniger von christlichen Gräueln des Mittelalters (Zwangsbekehrung, Inquisition, Ketzerverbrennung, Hexenverbrennung, Teufelsaustreibung, Kreuzzügen), die allesamt das Wunderbarste des Christentums schändeten, nämlich die Liebe und die Barmherzigkeit.

14 Klarheit

Für das Verständnis der Welt, für die Entstehung des Universums und des Lebens, für die Evolution und andere „Geheimnisse" wird Gott nicht mehr benötigt. Zwar kann man ihn mit der Vernunft nicht „wegbeweisen"; aber es gibt ein ästhetisches Argument gegen Gott: die Klarheit.
Wenn Gott überflüssig ist, kann er auch verschwinden und dadurch unser Weltbild übersichtlicher, einfacher und klarer machen. Mit dem Schritt von vielen Göttern zu einem Gott wurde die Welt klarer. Mit dem Schritt von einem Gott zu keinem Gott wird die Welt nochmals klarer.

15 Überschätzung

Wir Menschen haben uns überschätzt. Wir glaubten, der Mittelpunkt der Welt und die Krone der Schöpfung zu sein.
Heute wissen wir, dass wir Lebewesen mit besonderen

Eigenschaften sind unter anderen Lebewesen mit anderen besonderen Eigenschaften auf einem von Milliarden Planeten im Universum.

Und noch eine Überschätzung: Wir glauben, dass wir zu irgendeinem höheren Ziel auf dieser Welt sind. Für jedes Lebewesen gibt es zwar einen Zweck, der in seinen Genen angelegt ist und das Lebewesen veranlasst, zu überleben und sich fortzupflanzen. Wäre es anders, würden die Lebewesen aussterben. Einen solchen Zweck, einen Bauplan, eine Absicht, ein Ziel, einen Sinn hat die Natur als Ganzes nicht. Sie kann auch ohne Lebewesen existieren. Sie ist nur da und wandelt sich. Einen Sinn unseres Lebens gibt sie uns nicht vor. Den müssen wir selber finden.

16 Bischofsgehälter

Der deutsche Staat erhebt Kirchensteuern und leitet sie an die Kirchen weiter. Das hat historische Gründe. Die Gehälter der Bischöfe und anderer kirchlicher Würdenträger stammen allerdings nicht aus der Kirchensteuer, sondern aus allgemeinen Steuern. So lange fast alle Deutschen katholisch oder evangelisch waren, spielte das keine Rolle. Heute gibt es in Deutschland aber mehr Konfessionslose als Katholiken oder Protestanten, und auch die Zahl der Muslime ist gestiegen. Den Bischöfen müsste es eigentlich peinlich sein, dass ein erheblicher Teil ihres Gehalts von

Atheisten und Muslimen stammt.

Mein Vorschlag an die Bundesländer: Erhöht die Kirchensteuer um einen kleinen Betrag, so dass die Gehälter der Bischöfe usw. gedeckt sind, und finanziert die Gehälter nicht mehr aus allgemeinen Steuern. Es wäre gerechter, wenn nur Katholiken und Protestanten ihre Bischöfe alimentierten.

Juristen sollten raten, ob eine Verfassungsbeschwerde oder ein Volksbegehren auf Landesebene diesem Vorschlag Gewicht verleihen könnten.

17 Recht

Im ersten Satz der Präambel des Deutschen Grundgesetzes heißt es: "In Verantwortung vor Gott und den Menschen ... hat sich das Deutsche Volk ...dieses Grundgesetz gegeben". Wir Atheisten sollten den Gottesbezug tolerieren. Schließlich war der Glaube an Gott noch weit verbreitet als das Grundgesetz geschaffen wurde. Dagegen sollten wir und alle anderen Deutschen nicht tolerieren, dass deutsches Recht in kirchlichen Institutionen durch kirchliches Recht ersetzt wird. Wenn wir uns nicht strikt daran halten, dass deutsches Recht auch in kirchlichen Institutionen angewendet wird, dürfen wir uns nicht wundern, wenn in anderen deutschen Gruppierungen die Scharia angewendet wird.

18 Friede auf Erden

Papst Franziskus sagte am 22. Mai 2013 Erstaunliches: Jeder Mensch kann erlöst werden, der Gutes tut; auch Nicht-Katholiken, auch Atheisten. Das Erstaunliche ist, dass er Gutes tun höher bewertet als die Zugehörigkeit zu einer Religion. Überspitzt: Gutes tun macht seliger als Glaube. Im Kern ist das der Verzicht auf den Anspruch, der Katholizismus sei die allein- seligmachende Religion. Das ist revolutionär und lässt hoffen. Lässt hoffen, dass er seine Aussage etwa in einer Enzyklika („pacem in terris", „Friede auf Erden") verdeutlicht.

Päpste mahnen die Welt mehrmals jährlich zum Frieden, der ja auch deshalb gefährdet ist, weil Angehörige verschiedener Religionen sich gegenseitig befeinden. Der Verzicht auf den Anspruch alleinseligmachend würde ein Zeichen der Toleranz setzen, das auch Angehörige anderer allein seligmachender Religionen beeinflussen würde. Ist nicht der Weltfriede wichtiger als eine etwas selbstherrliche und unzeitgemäße Doktrin?

19 Dank für die Kommentare

Letztes Jahr habe ich 18 GEDANKEN auf YouTube veröffentlicht. Ihr habt sie 3250mal angeklickt und über 100 Kommentare geschickt. Dafür danke ich Euch! Die meisten Kommentare waren zustimmend und ermutigend, keiner war beleidigend.

Einige Kommentare haben bewirkt, mich genauer auszudrücken: Im 6. Gedanken hieß es „Auch der Atheismus ist ein Glaube, der Glaube, dass es Gott nicht gibt". Manche meinten, nicht an Gott zu glauben, sei kein Glaube. Es stimmt, dass ich an die Nichtexistenz Gottes nicht mit ganzem Herzen oder gar mit Inbrunst glauben kann, wie manche Gläubige an ihren Gott glauben können. Für mich ist es eher eine Überzeugung oder, noch schwächer aber genauer, eine Arbeitshypothese. Also: Ich nehme an, dass alles was ist und geschieht, natürliche Ursachen hat. Wo es (noch) nicht verstandene Phäno-mene gibt, bemühe ich nicht gleich übersinnliche Wesen, sondern suche nach einer vernünftigen Erklärung. Ich bin also Agnostiker und zugleich, wegen meiner Arbeitshypothese, Atheist.

Ich habe einen Traum

Unsere Welt ist beängstigend unruhig und gefährdet. Nationen und Religionen grenzen sich gegen andere ab. Das Nord-Süd-Gefälle ist noch lange nicht überwunden. Die Welt droht, im Müll zu ersticken. Die Natur und mit ihr die Vielseitigkeit der Arten sind bedroht. Es gibt Kriege, und es drohen weitere. Wir erleben überall Partikularinteressen, wenig, was alle verbindet. Wir brauchen einen Kodex, den jeder akzeptieren, ja, verinnerlichen und mit Leben erfüllen kann. Fußend auf meinen Anregungen zu einer globalen Ethik empfehle ich folgenden Allgemeinen Menschenkodex (manche mögen es einen allgemeinen kategorischen Imperativ nennen):

1. Mach etwas aus deinem Leben, gib ihm einen Sinn!
2. Achte alle Menschen und behandle sie so, wie du von ihnen behandelt werden möchtest, und respektiere die Würde des Menschen und die daraus resultierenden Allgemeinen Menschenrechte!
3. Erhalte unseren Planeten!
4. Bemühe dich, am Frieden in der Welt mitzuarbeiten!

Diesen Allgemeinen Menschenkodex, diese 4 Handlungsaufforderungen, kann jeder Mensch akzeptieren, egal welcher Nation oder Religion er angehört oder was ihn sonst von anderen Menschen unterscheidet. Dieser Allgemeine Menschenkodex verspricht eine bessere Welt. Er empfiehlt jedem Einzelnen, seinem Leben einen

Sinn zu geben, veranlasst jeden Einzelnen, auch den Menschen anderer Nationen und Religionen mit Respekt zu begegnen, ihre Gleichwertigkeit, ihr Anderssein, ihren Glauben zu akzeptieren. Diese Aufgabe verlangt von vielen ein Umdenken, ein "Umfühlen", ein Ausstrecken der Hand, ein Aufeinander-Zugehen. Sie ist so wichtig, weil sie in Köpfen und Herzen geschehen muss. Und der Kodex fordert jeden Einzelnen auf, sich aktiv um die Erhaltung unseres Planeten zum Segen unserer Nachkommen zu kümmern, und den Hass, die Gier und den Egoismus zu verringern mit dem Ziel, die Welt friedlicher zu machen.

Dieser Allgemeine Menschenkodex ist das Ergebnis eines Denkprozesses (nicht einer göttlichen Offenbarung), erkannt im Bewusstsein der Erkenntnisse Anderer sowie der Gegebenheiten und Gesetze der Natur, im Bewusstsein der menschlichen Psyche, des Wertekanons der Menschheit und des jetzigen Zustands der Welt. Sein Ziel ist das Wohlergehen jedes Einzelnen und der ganzen Menschheit. Der Kodex bedarf keiner Meditation, keines Betens und keiner Riten; er ist einfach, klar und verständlich und dennoch allumfassend. Er erhebt nicht den Anspruch, alleinseligmachend zu sein und für ihn missionieren zu sollen, sondern lediglich zu werben. Er ist, wie die Religionen, ein Instrument, den Menschen ein gutes Leben zu ermöglichen, dabei frei von allem mystischen Brimborium. Er wendet sich an die Vernunft der Menschen.

Religionen grenzen sich gegen andere Religionen ab. Dennoch: Lebten die geschichtlichen Religionsstifter heute (nach der Aufklärung), dann, davon bin ich überzeugt, könnten sie dem Allgemeinen Menschenkodex zustimmen.

Es scheint mir, dass es einem Atheisten leichter fällt, einen Allgemeinen Menschenkodex zu entwerfen, als einem religiös Voreingenommenen.

Die Menschen nutzten das Feuer, schufen Werkzeuge, Sprachen, Kunst, Regeln für das soziale Zusammenleben, Medizin, Waffen, Tongefäße, Ackerbau, Viehzucht, Häuser, Geräte aus Bronze und Eisen, das Rad, Bewässerungsanlagen, die Schrift, Gesetze, Schiffe, Mathematik, Uhren, den Buchdruck, die modernen Naturwissenschaften, die Dampfmaschine und die Eisenbahn, die Telegraphie, das Auto, Flugzeuge, Radio und Fernsehen, Antibiotika, Kernkraftwerke, die UNO, Computer, die Raumfahrt, Mobiltelefone und Satellitennavigation; und immer wieder Kunst, Wissenschaft und Regeln für das Zusammenleben. Warum sollte es uns nicht gelingen, gemeinsam einen gesunden Planeten und eine friedliche Welt zu schaffen?

Ich habe den Traum, dass meine Botschaft gehört wird, dass sie sich verbreitet, dass sie angenommen wird, dass sich immer mehr Menschen dazu bekennen, dass die Verantwortlichen dieser Welt, in welcher Funktion auch immer, den Allgemeinen Menschenkodex zum Maßstab ihres Handelns machen.

Fazit: Der Allgemeine Menschenkodex ist ein Instrument für ein gutes Zusammenleben der Menschen und der

Menschheit.

„Beten"

Beten richtet sich üblicherweise an Gott. Soweit Beten den gläubigen Menschen ermutigt, Gutes zu tun, sollte er es pflegen.
Jeder Mensch sollte einmal im Monat innehalten, sich besinnen darauf, wo er in der Welt steht, was er getan hat, was er hätte tun können, was er tun möchte, wem er Gutes wünscht oder, besser, tun kann. Er sollte sich fragen, ob er Sinnvolles tut, ob er alle Menschen achtet, ob er genug tut, um unseren Planeten zu erhalten, ob er sich bemüht hat, zum Frieden in der Welt beizutragen. Wenn er dabei etwas Tuenswertes findet, dann sollte er es auch anpacken. Das ist meine zusätzliche Empfehlung für die Schaffung einer besseren Welt. Wer anderen Gutes tut, tut sich selber wohl. Das Wohl aller ist auch sein Wohl.
Fazit: Innehalten, reflektieren und handeln.

Herausforderungen

Jeder kann den Allgemeinen Menschenkodex befolgen und für sich den Sinn seines Lebens suchen, in der Ausbildung, in der Gründung einer Familie, in der Erziehung seiner Kinder, im Beruf, in der Pflege eines Freundeskreises, in nützlichen Tätigkeiten, allein oder zusammen mit anderen.

Der Allgemeine Menschenkodex fordert uns auf, am Frieden in der Welt mitzuarbeiten. Dafür werden hier Anregungen gegeben:

Globale Katastrophenhilfe
Auf UNO-Ebene sollte eine Institution angesiedelt werden, die sehr schnell und umfangreich bei Katastrophen wie Erdbeben, Waldbränden, Überschwemmungen, Dürren und Wirbelstürmen hilft, wenn die betroffene Region es wünscht. Die Finanzierung sollte aus einem Fond bestritten werden, der von allen Nationen entsprechend ihrer Wirtschaftskraft beschickt wird.

Robuste Blauhelm-Einsätze
Zwistigkeiten zwischen Staaten sollten von einem bei der UNO angesiedelten Schlichter geschlichtet werden. Kriege sollten generell geächtet werden. Käme es trotzdem zu Kampfhandlungen, sollte die UNO Blauhelme mit einem robusten Mandat entsenden, um die Kombattanten zu trennen, auch gegen den Einspruch

der Kombattanten oder das Veto eines Sicherheitsratsmitglieds. So wie früher Blutrache mittels der Religionen überwunden und durch Verhandlungen ersetzt wurde, sollten heute alle Zwistigkeiten zwischen Völkern durch Verhandlungen ersetzt werden. Zum Wohl der Menschen aller Völker sollte die UNO entsprechend gestärkt werden.

Ein Zukunftsrat für den Weltfrieden
Ich schlage einen Zukunftsrat vor mit höchst qualifizierten Mitgliedern aus allen Weltteilen. Sie müssten global denken, dürften keine Partikularinteressen vertreten, also nicht Amtsträger von politischen Parteien, Gewerkschaften, Religionsgemeinschaften, Berufsver-bänden usw. sein. Es könnten Philosophen, Anthro-pologen, Schriftsteller, Journalisten, elder statesmen usw. sein, soweit sie sich schon mit Gedanken über eine bessere Zukunft hervorgetan haben. Sie könnten zunächst einen Unterausschuss bilden, einen Wissenschaftsrat, der, mit Hilfe geeigneter Institutionen, eine Faktenbasis über den Istzustand der Welt schafft, die als Ausgangspunkt für Diskussionen und Hochrechnungen dienen kann. Dann könnte ein „Szenarienrat" gebildet werden, der, ausgehend vom Istzustand, die wahrscheinlichste Zukunft hochrechnet, aber auch „Stellschrauben" (Einigung über geringeren CO_2-Ausstoß, massiven Ausbau der Infrastruktur, Bildungsinitiativen usw.) definiert, mit denen abweichende Szenarien hochgerechnet werden. Für Szenarien, die deutlich positive Entwicklungen für den

Weltfrieden erwarten lassen, sollten in ausgewählten Regionen Feldversuche mit nötigenfalls massiven Geldmitteln durchgeführt werden.

Erhaltung des Planeten
Wir sitzen alle im selben Boot, im Raumschiff Erde. Wir müssen unseren Planeten erhalten. Dazu gehört der Kampf gegen den Klimawandel, die Erhaltung der Artenvielfalt, die drastische Reduzierung der Verunreinigung von Luft, Böden und Gewässern, die Beendigung des Raubbaus am tropischen Regenwald, die Beendigung der Überfischung der Ozeane, der verantwortungsvolle Umgang mit Energie, der Ausbau alternativer Energiequellen, die Lösung des Müllproblems usw.
Der Mensch ist für das Raumschiff Erde verantwortlich. Wir wissen, was wir tun müssten. Aber die Entscheidungsträger, die Alten, lassen sich von Partikularinteressenvertretern zum Zögern veranlassen. Dabei sind es die Jungen, die vor allem betroffen sind. Immerhin demonstrieren die Jungen, wie das Beispiel des Streiks der Greta Thunberg unter dem Titel „Fridays for future" zeigt. Es hat ein weltweites Echo gefunden. Das Umdenken findet statt. Es mangelt am Handeln.

Ein Afrikaplan
Alle Menschen stammen von derselben Urmutter ab, die, nach heutiger Kenntnis, vor rund 300 000 Jahren in Afrika lebte. Eine weitere sinngebende Aufgabe ist die Solidarität mit den Benachteiligten dieser Welt. Sie

beginnt mit der Toleranz, der Achtung aller Menschen, vom Nachbarn bis zu den Angehörigen anderer Völker, setzt sich fort mit der Akzeptanz ihrer Gleichwertigkeit, mit dem Respekt vor ihrem Anderssein und ihrem Glauben. Und sie endet mit der Hilfe für diese Menschen, mit dem Ziel, ihre Benachteiligungen, z.B. die Armut, zu überwinden. Für Europa ist Afrika der gegebene Adressat für eine Förderung.

Der Migrationsdruck der von Hunger und Arbeitslosigkeit betroffenen Menschen in die Industrieländer wird eher zunehmen. Das lässt sich durch Barrieren nicht verhindern. Wir müssen diesen Menschen helfen, sich selbst zu helfen, und zwar in einem Ausmaß, das alle bisherige Entwicklungshilfe als Peanuts erscheinen lässt. Erst wenn die Perspektive besteht, dass sich der Lebensstandard demjenigen in den Industrieländern angleicht, wird der Migrationsdruck nachlassen. Aus zwei Gründen: Erstens könnten sich die betroffenen Menschen in ihrer Heimat ernähren und zweitens können wir davon ausgehen, dass sich der Geburtenüberschuss demjenigen in den Industrieländern annähert, also gegen null tendiert.

Die Förderung sollte zunächst vorwiegend für Staaten erfolgen, in denen die Korruption gering ist. Wenn diese dann blühen, spornt das wahrscheinlich die Menschen benachbarter Staaten an, ihre korrupten „Eliten" abzuwählen. Das vorrangige Ziel der Entwicklungshilfe sollte die Erhöhung des Bruttonationaleinkommens sein und nicht die Schaffung von Absatzmärkten für europäische Produkte, gar mit dem Effekt, die heimische

Produktion zu verdrängen.

So ein Afrikaplan erfordert flankierende Maßnahmen: Der Warenstrom von Afrika nach Europa sollte nicht behindert werden. Die menschenverachtende Verdammung von Kondomen sollte geächtet werden. Die Pille sollte in Ländern mit niedrigem Lebensstandard subventioniert werden. Der Tendenz, viele Kinder in die Welt zu setzen, um im Alter versorgt zu sein, sollte durch Aufklärung begegnet werden. Zum Beispiel durch die Ansage, dass zwei gut ausgebildete Kinder mehr verdienen als zehn schlecht ausgebildete. Unser Planet ist zu klein für immer mehr Menschen. Auch mit nur einer Milliarde Menschen ist die Menschheit überlebensfähig.

Der Philosoph Peter Sloterdijk [24] teilt die Solidarität mit den Angehörigen anderer Völker in zwei Teilaufgaben: „Die demographische Aufklärung – als Kritik der naiven wie der strategischen Überproduktion von Menschen – und eine aktualisierte Entwicklungspolitik, die das Wissen von der Erzeugung und Verteilung des Reichtums auch in die Länder importiert, die bisher durch Armut, Ressentiment und Machenschaften perverser Eliten verschlossen waren. Von beiden verstehen die Monotheismen nichts – sie sind im Gegenteil an der einen wie an der anderen Front der Kontraproduktivität verdächtig."

Religionsfriede
Der Friede auf Erden ist gefährdet, nicht zuletzt wegen sich bekämpfender Ideologien.

Deshalb muss man fordern: Alle Religionen sind gleichwertig und sollten wechselseitig respektiert werden. Wer andere wegen ihres Glaubens verächtlich macht, sollte wegen Verletzung der Menschenwürde moralisch geächtet werden. Heilige Kriege sollten geächtet werden. Unter der Federführung der UNO sollte ein Religionsfriede erarbeitet und beschlossen werden.

Es gab und gibt Initiativen zu diesen Herausforderungen: Hans Küng hat mit seinem 1990 vorgetragenen „Weltethos" [25] (Gewaltlosigkeit und Ehrfurcht vor allem Leben; Solidarität und eine gerechte Wirtschaftsordnung; Toleranz und ein Leben in Wahrhaftigkeit; Gleichberechtigung und Partnerschaft von Mann und Frau) wesentliche Anstöße gegeben. Er geht von den Religionen aus, richtet sich an die Vertreter der Religionen und hat erreicht, dass (s)eine "Erklärung zum Weltethos" vom Parlament der Weltreligionen 1993 in Chicago verabschiedet wurde.

Helmut Schmidt hat 1997 (mit dem InterAction Council) die "Allgemeine Erklärung der Menschenpflichten" [26] (Friedliches Verhalten, Wahrhaftigkeit und Toleranz, Gleichwertigkeit von Mann und Frau, Gerechtigkeit und Fairness, und Ehrfurcht vor dem Leben) vorgestellt, die von Jimmy Carter, Valéry Giscard d'Estaing und vielen anderen unterschrieben und 1998 von den Vereinten Nationen abgesegnet wurde.

Viele Regierungen leisten "Entwicklungshilfe". Aber das reicht nicht. Ein "globaler Marshall Plan", 1990 vorgeschlagen von Al Gore und aufgegriffen vom Club of

Rome [27] und der "Global Marshall Plan Initiative" [28], kommt dem Ziel näher.

Fazit: Die Initiativen zur Bewältigung der globalen Herausforderungen müssen mit neuem Leben erfüllt werden.

UNO 2.0

Der Völkerbund war eine Fehlkonstruktion. Die UNO ist etwas effizienter, aber lahm. Die Fehlkonstruktion der UNO ist der Sicherheitsrat mit seinen 5 Atom- und Vetomächten (USA, Sowjetunion, China, Großbritannien und Frankreich). Erstens ist der Rat undemokratisch, weil er den starken Mächten ein viel zu großes Gewicht einräumt, zweitens ist er in vielen Fällen nicht entscheidungsfähig, weil er einzelnen Staaten ein Vetorecht zubilligt. Bei der Gründung der UNO nach dem 2. Weltkrieg war wohl nichts Besseres zu erreichen. Das kann man ändern. Ich rege an, dass alle Nicht-Veto-Staaten, einschließlich der 4 neuen Atommächte (Indien, Pakistan, Nordkorea und Israel) eine UNO 2.0 gründen, in der die Fehlkonstruktionen der jetzigen UNO vermieden werden. In der UNO 2.0 entscheidet nur die Vollver-sammlung, zu der alle Staaten ständige Vertreter ent-senden. Für bestimmte Entscheidungen kann das Quorum auf mehr als 50% festgelegt werden. Nach Gründung von UNO 2.0 können die jetzigen Vetomächte zum Beitritt eingeladen werden. Dann natürlich gemäß den Statuten von UNO 2.0, also ohne Vetorecht. Gegen die Gründung der UNO 2.0 zählt natürlich kein Veto der

jetzigen Vetomächte.
Hauptaufgabe der UNO 2.0 wäre die Wahrung des Friedens. So wie die Polizei für den innerstaatlichen Frieden verantwortlich ist, wären die Blauhelme verantwortlich für den Völkerfrieden.
Fernziel sollte die Aufhebung aller Grenzen zwischen den Nationalstaaten sein. Ihr Völker der Welt, schaut auf dieses Europa! Auf dem Kontinent, dessen Wesensmerkmal der Krieg zwischen seinen Völkern zu sein schien, haben wir die Grenzen beseitigt, auch wenn es lange dauerte und es immer wieder Rückschläge gibt.

Fazite

Hier werden die Fazite einzelner Kapitel zusammengefasst:
Gott wurde von Menschen erschaffen. Er kann also, theoretisch, von Menschen wieder abgeschafft werden.
Wenn wir Gott abschaffen, kann auch kein Unheil mehr in seinem Namen geschehen.
Zuerst kam die Moral; danach kamen die Religionen und danach Gott.
Neue Erkenntnisse können neue Werte schaffen und alte Werte korrigieren.
Der Anfang der Präambel des Grundgesetzes der Bundesrepublik Deutschland müsste lauten:
„Im Bewusstsein des Wertekanons seiner Bürger (...) hat sich das Deutsche Volk (...) dieses Grundgesetz gegeben."
Die Behauptung, ohne Gott gäbe es keine Moral, ist armselig.
Die Moralvorstellungen aller Völker der Erde unterscheiden sich nicht wesentlich. Eine globale Ethik ist deshalb möglich.
Die traditionellen Ethiken haben einen Nachholbedarf, sie müssen die neuen Werte erst noch verinnerlichen.
Die neue globale Ethik bedarf keiner Offenbarung, sie entspringt der Vernunft.
Gott als Schöpfer der Welt ist nicht erforderlich.
Die Existenz Gottes lässt sich nicht beweisen.
Ohne Gott ist alles klarer. Unbestätigte Versprechen der Religionen sind heiliger Betrug.
Wenn du geboren wirst, hast du dieses eine Leben, nur

dieses. Mach etwas daraus, gib ihm einen Sinn! Agnostiker sind auch Menschen.

Durch eigene Erkenntnisse haben wir uns entthront.

Die Geisteshaltung so mancher Kleriker passt nicht mehr zum Zeitgeschehen.

Wer behauptet, dass es ein Gesetz gibt, das über dem Grundgesetz steht, sollte vom Verfassungsschutz beobachtet werden.

An Evolution führt kein Weg vorbei. Aber die Entstehung von Leben auf der Erde ist noch ungeklärt.

Parallel lebende Menschenarten befruchteten sich gegenseitig.

An Tatsachen führt kein Weg vorbei.

Es gibt noch viel zu tun für Physiker.

Die Loslösung von Gott ist eine spirituelle Befreiung.

Für mich wurde immer klarer, dass ich als Dank für das mir selbst gemachte Geschenk der Freiheit etwas zurückgeben wollte: Mitzuhelfen die Welt zu verbessern, Gutes zu tun und anderen das Geschenk der Freiheit zu empfehlen.

Die Religionen haben Positives und Negatives hervorgebracht. Sie sind Stufen in der Entwicklung der Menschheit. So wie es kein *Ende der Geschichte* gibt, gibt es kein *Siegel der Propheten*.

Neue Erkenntnisse schaffen neue Werte und folglich neue Bekenntnisse (Konfessionen) zu diesen Werten.

Alleinseligmachend und *missionieren* haben sich nicht bewährt; sie wurden von der Geschichte abgestraft, weil sie einen allgemeinen Frieden behindern.

Beim Übergang zur Gottlosigkeit können Tugenden wie

Liebe und Barmherzigkeit mitgenommen werden.
Annulliert die Erbsünde!
Kirchliche Vertuschungen haben Tradition.
Der Klerus zielt auf den eigenen Untergang.
Mit dem Islam müssen wir Geduld haben.
Die Würde des Menschen ist begründet in seiner Einzigartigkeit.
Habt keine Angst vor der Angst!
Ich bemühe mich, einen positiven Fußabdruck auf unserem Planeten zu hinterlassen. Aber wenn ich tot bin, bin ich tot und lebe höchstens in der Erinnerung der Nachwelt.
Der Allgemeine Menschenkodex ist ein Instrument für ein gutes Zusammenleben der Menschen und der Menschheit.
Beten? Innehalten, reflektieren und handeln!
Die Initiativen zur Bewältigung der globalen Herausforderungen müssen mit neuem Leben erfüllt werden.
Gründet eine UNO 2.0!

Nachwort

Neulich sagte ein Politiker: „Ihr Wissenschaftler, Zukunftsforscher und Philosophen macht die tollsten Vorschläge, sagt uns aber nicht, wie wir sie gegen Widerstände in der Bevölkerung durchsetzen können."
Er hatte wohl noch nichts von Arbeitsteilung gehört. Das Durchsetzen gegen Gruppeninteressen, und das auf sozialverträgliche Weise, ist die Aufgabe der Politiker. Wozu haben wir sie denn gewählt?
Ein Beispiel: Zur Verzögerung des Klimawandels fordern die Wissenschaftler, den CO_2-Ausstoß zu verringern. Dann müssten die Politiker auf die Idee kommen, eine CO_2-Steuer zu erheben und sie gegen alle Widerstände sozialverträglich einzuführen.

Was ich noch sagen wollte:
Es ist ein wunderbares Abenteuer, den Sinn seines Lebens zu suchen.

Tschüss.

Literatur-Nachweise

[1] https://fowid.de/meldung/anteile-und-anzahl-atheisten-agnostikern-gottlosen
[2] Klett-Cotta Verlag, Stuttgart 2004, ISBN-10 3608940324 und ISBN-13 9783608940329
[3] Gallup www.religioustolerance.org/atheist7.htm
[4] Nachtcafé SWR 15.05.2009: http://www.swr.de/nachtcafe/-/id=200198/nid=200198/did=4696930/1o6ix1p/index.html
[5] Marc Hauser, *Moral Minds*, ISBN 9780349118093
[6] Philip Kitcher, *The Ethical Project*, 31/03/2014, ISBN 9780674284289
[7] Goldene Regel: http://de.wikipedia.org/wiki/Goldene_Regel
[8] Mythen der San (Buschmänner) http://de.wikipedia.org/wiki/Afrikanische_Kosmogonie
[9] https://de.wikipedia.org/wiki/Anselm_von_Canterbury
[10] Ullstein, 80 Seiten, 10. 3. 2017, ISBN-13 9783550050060
[11] Laplace: http://www.geophys.tu-bs.de/geschichte/laplace.htm
[12] Giordano Bruno: http://de.wikipedia.org/wiki/Giordano_Bruno
[13] Galileo Galilei: http://de.wikipedia.org/wiki/Galileo_Galilei

[14] *Frieden mit Darwin*: http://rhein-zeitung.de/old/96/10/25/topnews/papst.html
[15] *Die anglikanische Kirche sagt leise sorry*: http://www.shortnews.de/start.cfm?id=727223
[16] https://de.wikipedia.org/wiki/Miller-Urey-Experiment
[17] https://de.wikipedia.org/wiki/Urvorfahr
[18] Blauäugigkeit: https://sciencev1.orf.at/news/150707.html
[19] Pascal Boyer: *Das Hirn, dein Gott,* www.zeit.de/2009/01/N-Essay-Religion?page=1
[20] Dunkle Materie http://de.wikipedia.org/wiki/Dunkle_Materie
[21] Dunkle Energie http://de.wikipedia.org/wiki/Dunkle_Energie
[22] Naturkonstanten http://de.wikipedia.org/wiki/Physikalische_Konstante
[23] Franz Alt: *Was Jesus wirklich gesagt hat* und *Die 100 wichtigsten Worte Jesu*, Gütersloher Verlagshaus
[24] Peter Sloterdijk, *„Der Eifer Gottes",* Verlag der Weltreligionen, 2007
[25] www.weltethos.org/index1.htm
[26] www.flegel-g.de/Menschenpflichten.html
[27] www.clubofrome.de
[28] www.globalmarshallplan.org

---

[29] https://www.tag24.de/nachrichten/vatikan-teufel-past-franziskus-sexueller-missbrauch-in-katholischer-

kirche-teufel-rom-812429
[30] https://www.sueddeutsche.de/panorama/papst-franziskus-missbrauchskonferenz-vatikan-1.4339557
[31] http://www.taz.de/1/politik/amerika/artikel/1/vergewaltigt-und-exkommuniziert/?type=98
[32] http://web.ard.de/abc_relink/relink.php?p_id=739&p_typ=eg
[33] http://fareus.wordpress.com/2009/12/03/schwule-kommen-nicht-in-den-himmel/
[34] http://www.freie-humanisten.de/index.php?id=583
[35] www.humanismus.de
[36] http://www.freie-humanisten.de/index.php?id=523
[37] www.spiegel.de/wissenschaft/mensch/0,1518,476820,00.html
[38] https://www.spektrum.de/magazin/die-kultur-der-schimpansen/827477